W0084270

100%
RECYCLINGPAPIER

Isabelle Schumacher
Im Herzen berührt

Projektmanagement:	Marianne Nentwig
Unter Mitarbeit von:	Gabriele Borgmann
	www.gabrieleborgmann.com
Umschlaggestaltung:	Gesine Beran, Turin
Covermotiv:	Aquarellfont © shutterstock/chyworks
Autorenfoto:	© privat / Isabelle Schumacher
Innensatz:	KleiDesign
Druck & Verarbeitung:	druckhaus köhten in Köhten

© Lüchow in Kamphausen Media GmbH, Bielefeld 2019
info@kamphausen.media | www.kamphausen.media

ISBN Printausgabe: 978-3-95883-372-2
ISBN E-Book: 978-3-95883-373-9

1. Auflage 2019

Bibliografische Information der Deutschen Nationalbibliothek

Die Deutsche Nationalbibliothek verzeichnet diese
Publikation in der Deutschen Nationalbibliografie;
detaillierte bibliografische Daten sind im Internet über
http://dnb.d-nb.de abrufbar.

*Dieses Buch wurde auf 100% Altpapier gedruckt und ist alterungsbeständig.
Weitere Informationen hierzu finden Sie unter www.kamphausen.media*

ISABELLE SCHUMACHER

Im Herzen berührt

Durch
Wertschätzung
und
Selbstliebe

Lüchow

Für alle Menschen, die sich auf ihrer
Reise zum Herzen, ihrer Unendlichkeit,
Verbundenheit, Einheit und Genialität
bewusst sind und mit Freude und
Vertrauen auf ihrem Lebensweg
Wunderbares gestalten.

Teil II Das Herz steuert die Glücksfaktoren

Einleitung

Eine Tür öffnet sich

Wann haben Sie das letzte Mal Ihre Hand auf das Herz gelegt, Ihren Herzschlag wertgeschätzt und eine Dankbarkeit gespürt, dass dieses Organ Ihr Leben steuert?

Wann haben Sie sich bewusst gemacht, dass es in Ihnen ein Wunderwerk gibt, das hochsensibel auf all das, was Sie tun, reagiert?

Wann haben Sie jene Lichtquelle in sich gespürt, in der Ihre Lebensenergie ihren Ursprung hat?

Ich vermute, es ist schon lange her.

Mit meinem Buch will ich Sie wieder zu Ihrem Herzen führen, Ihnen das Bewusstsein für seine Kraft und für seinen Eigensinn zurückgeben. Ich will Sie anleiten, einen Raum zu betreten, in dem Ihre Lebensenergie und auch Ihr Potenzial liegen. Damit erhält Ihr Herz jenseits des physischen Aspektes eine spirituelle Bedeutung, an der Sie sich festhalten können, an die Sie glauben können, auf die Sie sich ein ganzes Leben lang verlassen können. Und ich verspreche Ihnen, mit dem Ende des Buches werden Sie bereichert sein, mehr als Sie es jemals für möglich hielten.

Medizinisch betrachtet ist Ihr Herz ein Hohlmuskel, durchzogen von Gefäßen, bestehend aus zwei Kammern und zwei Klappen, nicht größer als Ihre Faust. Geortet hinter dem

Brustbein, leicht links und zwischen den Lungenflügeln, arbeitet es zuverlässig vor sich hin. 24 Stunden und ohne Unterlass pumpt es fünf bis sieben Liter Blut pro Minute in den Kreislauf, und es steigert diese Leistung auf 35 Liter, wenn Sie unter Stress geraten. Es gönnt sich keine Pause, nicht bei Tag und nicht bei Nacht. Ihr Herz nimmt auf, was Sie ihm geben: Sauerstoff, Nahrung, Emotionen, und es steuert zudem die Systeme im Körper. Dafür pocht es bis zu 180 Mal in der Minute, versucht auszugleichen, was Sie aus der Balance bringt. Ihr Herz ist reaktionsstark und genügsam – nur unsterblich ist es nicht.

Jährlich nehmen die Krankheiten zu, die aufgrund von Herzrhythmusstörungen, Herzgefäßentzündungen, Herzinfarkten entstehen. Und nach Angaben des Deutschen Zentrums für Herz-Kreislauf-Forschung hören in Deutschland 65.000 Herzen jährlich plötzlich auf zu schlagen[1]. Dieser Herztod kommt ohne Vorwarnung, heißt es, vielleicht aber wurden viele kleine Stoppsignale, die das Herz zuvor gesetzt hatte, schlichtweg überhört.

Als Gründe für das Leiden am Herzen werden meist Stress, Sorgen, Fehlernährung, Bewegungsmangel, Depression und in der Folge Burnout angegeben. Bekämpft werden die Krankheiten mit Medikamenten, die das Blut verdünnen, mit Operationen, die das Herz stabilisieren. Ich finde, Schulmedizin und medizinische Psychotherapie haben in solchen lebensbedrohlichen Situationen ihre Berechtigung und wahrscheinlich gibt es, wenn das Herz derart krank und gebrochen ist, keine andere Alternative für seine Rettung. Manche Internisten, Herz- und Gefäßspezialisten leisten großartige Arbeit. Aber betonen möchte ich: Zu sehr leben wir in Trennung und Kampf mit uns selbst und mit der Natur. Es gelingt kaum noch, Ausbildung, Job, Karriere, Partnerschaft, Freizeit zu vereinbaren, kaum noch, die tägliche Termin- und Aufgabenflut zu bewältigen. Damit nicht genug: 80.000 Gedanken strömen täglich auf uns ein. Die wollen gefiltert, verworfen, verarbeitet werden. So entsteht täglich ein Knäuel aus Ansprüchen und fremden Einflüssen, und das

Entwirren stresst. Irgendwann schreit das Herz nach Ruhe und dieser Schrei erschreckt den Menschen, weil er lange Zeit vergessen hat, dass sein Herz eine Stimme hat. Ich vermute, mehr als 80 Prozent aller Menschen achten tagtäglich nicht auf ihr Herz.

Dabei ist das Herz ein hochsensibles, fein gestimmtes Organ, in dem sich eine Fülle an Informationen und Gefühlen, an Eindrücken und Erinnerungen eingeprägt hat. Jede Ihrer Wahrnehmungen hinterlässt darin eine Spur, jede Enttäuschung, jeder Bruch in einer Beziehung, ob beruflich oder privat, bildet sich darin ab. Dann sendet es genau diesen Mix aus Schwere an Ihren Geist, in Ihren Körper, und diese Schwere erreicht selbst die kleinste Zelle in Ihnen und wird dort gespeichert als Zustand. Mehr noch: Ihr Gehirn fängt diese dunklen Gefühle auf, produziert entsprechende Neurotransmitter. Diese Botenstoffe bilden Netzwerke von Nervenzellen und tauschen sich über Synapsen miteinander aus. Und nun überlegen Sie einmal: Wie bauen Sie Ihr Gehirn und damit Ihr Denken, Fühlen und Handeln, wenn Sie im Herzen unsicher, traurig und ängstlich sind? Welche Chemie entsteht in Ihnen, wenn Sie Ihr Herz leiden lassen, weil Sie denken, es sei eine Pumpstation für Ihren Körper und die Gefühle, die es füllen, seien nicht wichtig?

Stress entsteht nicht im Kopf, er hat den Ursprung im Herzen.

Im Stress ändert sich die energetische Herzfrequenz, die Gemütsverfassung, die Gesundheit. Diffus schlagend zwischen den Gedanken und doch versuchend, immer wieder Impulse für eine Heilung zu setzen, mag es sich anstrengen – aber alles verliert sich zwischen mehr als einer Million Neuronen. Schade. Denn diese Neuronen könnten Sie zu einem Glück umformen, schwängen Sie auf einer anderen Frequenz.

Es ist verblüffend, wie einfach und schnell Sie eine Imbalance zwischen Herz, Gehirn und Körper tilgen können! Es reicht aus, mit wenigen Drehungen eine andere Frequenz zu finden. Erinnern Sie sich daran, als die Radios früher noch drei dicke Drehknöpfe am Gehäuse hatten? Einen Knopf für die Wellenlänge, einen für den Kontrast und einen für die Lautstärke. Ein Rauschen im Sender, eine Störung, sogar ein anderes Programm ließ sich durch ein leichtes Verändern der Position erreichen. Was würden Sie sagen, wenn ich nun behaupte: Genauso können Sie Ihrem Leben eine Klarheit geben. Sie können das Rauschen, die Störung beheben, wenn Sie die Energie Ihres Herzens korrigieren. Sie können in Ihrem Fühlen und Denken eine Melodie in sich klingen lassen, von deren Existenz Sie bislang nichts ahnten. Wohlgemerkt: Zwei, drei Drehungen an den Stellschrauben sind nötig – alles andere passiert wie von selbst, weil sich der Gleichklang zwischen Herz, Gehirn und jeder Zelle stabilisiert, weil Sie gefüllt sind mit Gefühlen von Zuversicht, Liebe und Dankbarkeit. Sie müssen kein Mystiker sein, um Ihr Herz wieder zu spüren und jenseits der physischen Aspekte wahrzunehmen. Was Sie benötigen, ist lediglich Ruhe, Konzentration und ein bewusst geleiteter Atem. Diese Grundlagen haben wir im Alltagstrubel leider verlernt.

Ich habe als Heilerin erfahren, dass besonders den erfolgreichen, vorwärtsstrebenden Menschen die Instrumente fehlen, um Momente der Stille in den Alltag einzubauen und darin eine tiefe Sinnhaftigkeit zu erkennen. Sie denken, dafür keine Zeit zu haben. Sie hoffen, irgendwann würde sich der Alltagsdruck in Wohlgefallen auflösen. Und so hetzen sie weiter durch den Alltag, getrieben von komplexen Aufgaben, von Projekten, die sich auffädeln wie matte Perlen auf der Schnur. Erfolge sammeln, Ziele erreichen und weiter. Die Sehnsucht des Herzens nach spiritueller Hinwendung, die wird zu einer Randnotiz – vielleicht wahrgenommen, aber nicht berücksichtigt im Tagesplan.

Auch ich war viele Jahre als Marketingleiterin in Konzernen tätig, habe meine Karriere vor die Gesundheit gestellt und die Leistungsschritte vor die Reflexion. Ich habe die mahnenden Hinweise meines Herzens ignoriert, habe gedacht: „Der nächste Deal noch – und dann sorge ich für mich." Aber dem nächsten Deal folgte ein weiterer und immer leiser wurde die Stimme meines Herzens. Ich raste durch die Tage, die Jahre, bis mich ein Zusammenbruch fast aus dem Leben katapultierte. Da war ich zur Ruhe gezwungen und auch zur Reflexion. Das ist nun mehr als 20 Jahre her, den Deals bin ich nie wieder hinterhergejagt. Ich habe mich umgedreht, hin zu meinem Herzen, habe gelernt und geforscht, bin rund um die Erde gereist, um mit medizinischen, psychologischen und auch spirituellen Herzspezialisten zu sprechen, und habe erfahren: Das Herz ist unser Ratgeber, Gefühlsmacher, es ist die Energiequelle für unser Sein, der Taktgeber für Geist und Körper, und es ist die Heimat für das Ich. Auf diesen Grundlagen ist meine Methode der Herzöffnung entstanden. Seitdem habe ich mehr als 20.000 Männer und Frauen wieder zurückgeführt zu ihrer Essenz, zu ihren Lebensthemen, habe in Vorträgen und Seminaren das Herz zum Zentrum unseres Seins erklärt.

Und selbst heute, nach dieser langen, erfahrungsreichen Zeit, bin ich immer wieder fasziniert, was meine Methode mit den Menschen macht, die sich darauf einlassen. Nur Minuten der meditativen Besinnung sind nötig, um die Krusten, die das Herz belasten und beschweren, zu sprengen, um das Herz wieder frei atmen, frei schlagen, um es wieder fühlen zu lassen.

In den folgenden Kapiteln möchte ich Sie anleiten, Ihre Herztür zu öffnen, den weiten Raum in Ihrem Herzen zu betreten. Was Sie hinter dieser Tür fühlen werden, das ist der Zustand der Gedankenleere. In diesem stillen Raum verweilen Sie. Sie empfinden Licht und eine wärmende Energie. Sie fühlen das Potenzial in sich und ziehen an, was immer Sie sich wünschen, denn dieser weite Raum trägt die Energiesignatur all dessen, was für Sie stimmig ist. Im Moment der Gedankenleere verbinden Sie das Herz mit dem Gehirn, beruhigen die Gehirnwellen, den Herzschlag, erhöhen die elektromagnetische Energie.

Sie verbinden sich mit dem Körper und jeder einzelnen Zelle. Sie strahlen als ganzheitlicher Mensch auf einer transzendentalen Energiestufe über sich selbst hinaus.

Sie lassen los, um Neues zu kreieren!

Sobald Sie Ihre Absichten mit dem Herzen verbinden, verändern Sie Ihre Frequenz.

Diese These verfolgen die Meister der Meditation rund um den Erdball schon lange. Seit wenigen Jahren ist sie auch wissenschaftlich bewiesen. Denn es hat sich eine moderne, eine junge Disziplin entwickelt, die das Herz nicht nur als Hohlmuskel betrachtet, die nicht nur die Steuerungs- und Versorgungsfunktionen untersucht und wiederherstellt: Die Wissenschaft der Neurokardiologie verbindet die physischen Fakten des Herzens mit den emotional-intelligenten Fähigkeiten. Auf diesen ganzheitlichen Ansatz, auf Studien und weiterführende Erkenntnisse werde ich in meinem Buch ebenso eingehen wie auf spirituelle, mystische Begebenheiten, die sich in bildgebenden Verfahren beweisen lassen.

Ich habe in meinen Seminaren, in denen ich die Teilnehmer zu diesem Weg in ihr Herz und damit zu dem Weg zu sich selbst anleite, beeindruckende Entwicklungen gesehen, die weit über den Bereich der Schulmedizin hinausweisen. Frauen und Männer, die jahrelang unter unspezifischen Rückenschmerzen litten, gingen nach der meditativen Herzöffnung mit gerader Haltung und mit einem entspannten, ja glücklichen Gesichtsausdruck wieder nach Hause. Sie versicherten mir später, nie wieder Antirheumatika, Coxibe oder muskelentspannende Medikamente genommen zu haben. Allein durch die innere Stärkung, durch das Fokussieren auf eine gesunde, lebensbejahende, stress- und schmerzfreie Energie, allein durch das Etablieren von hellen Emotionen hatte sich ihre Chemie derart verändert, dass sie eine Heilung zuließen. Ich habe ebenso Männer und Frauen erlebt, die seit langer Zeit unter Mobbing am Arbeitsplatz, unter krankmachenden Beziehungen in einer Partnerschaft litten. Sie waren geplagt von Selbstzweifeln und ihr Selbstbewusstsein war gedämpft. Sie litten unter Herzschmerzen, Schwindel, unter Schlaflosigkeit und Antriebslosigkeit. Ihr Herz war zu einem Trauerpunkt im Körper geworden. Es hielt zwar seine Funktion als Sauerstoff- und Nahrungsversorger aufrecht, aber es war müde geworden, gegen die schädlichen Einflüsse anzukämpfen. Es hatte sich verschlossen. Mit der Herzöffnung tauchten sie in ihr Potenzial ein. Sie ließen los! Sie manifestierten in ihrem Leben, was für sie wichtig war, was ihr persönliches Glück beschrieb. Sie setzten neue Spuren, programmierten ihre neuronalen Netzwerke um. Ich werde von diesen Erlebnissen erzählen, die kein Wunder sind, sondern das, was das Herz zu leisten fähig ist: Ihr Leben mit Freude, Liebe, Dankbarkeit zu markieren.

Mein Buch schreibe ich für all jene, die mir auf den nächsten 200 Seiten zu einem reichen Leben im Inneren und Äußeren folgen wollen.

Fangen wir an.

Ihre
Isabelle Schumacher

Literatur Einleitung

1   Quelle: https://www.aerztezeitung.de/medizin/krankheiten/herzkreislauf/
herzinfarkt/article/866033/ploetzlicher-herztod-erstmals-deutschland-genaue-
zahlen.html (Zugriff am 14.8.2018)

TEIL
1

Der Schlüssel

zum

Herzen

*D*as Herz ist der Taktgeber Ihres Lebens. Wie ein Dirigent übernimmt es das Orchestrieren all Ihrer Organe, Muskeln, aller Systeme in Ihrem Körper, es gibt bis in die Zellen hinein den Einsatz: Lebe, fühle, entfalte dich.

Die Sprache des Herzens, die aus seiner Mitte entspringt, ist wohlklingend, warm und harmonisch. Denn das Herz strebt die Kohärenz mit Ihrem Gehirn an, es will Ihr Denken und Ihr Fühlen zu einer Melodie verbinden.

Nur kann es geschehen, dass Sie diese Melodie unterdrücken, dass Sie sie belasten durch Stress, Sorgen und Angst, dass Sie die Klangfarben des Herzens nicht hören, weil Sie vergessen haben, wie Stille wirkt. Dann pumpt zwar Ihr Herz unentwegt Sauerstoff durch Ihren Körper, versorgt ihn mit Nahrung. Es hält aufrecht, was seine Aufgabe ist. Medizinisch funktioniert Ihr Herz. Aber spirituell leidet es, weil es einem Dauerzustand von Stress, Sorge und Angst kaum gewachsen ist. Ihr Herz leidet, wenn Dissonanzen sich in den Alltag schleichen und Kommandos geben. Das stört seine Auffassung von einer schönen Lebensmelodie. Anfangs versucht es, gegen den Stress anzuspielen, den Taktstock schneller, höher, kräftiger zu schwingen. Aber irgendwann droht es dabei zu zerbrechen. Aus Eigenschutz verschließt sich dann die Tür zum Herzraum, dort wo die Lebensmelodie ihren Ursprung hat, dort wo Freude am Leben entsteht. Denn Liebe, Freude, Inspiration und Dankbarkeit sind tief in Ihrem Herzen verankert, ummantelt von einem Muskel, umwoben von feinsten, neuralen Zellen, die genau jene Impulse aussenden, die Sie kreieren.

Mit diesem ersten Teil meines Buches möchte ich Sie anleiten, den Herzraum wieder zu öffnen und das Innerste zu betreten. Stellen Sie sich dazu den Schlüssel in Ihrer Hand vor. Er ist silbern, mit Ornamenten verziert, ein edles Stück, das Sie seit der Geburt mit sich tragen. Er soll Ihnen täglich ein Symbol sein für Liebe, Freundschaft, Gesundheit, Karriere, für den inneren und äußeren

Reichtum, für all die Träume, die Sie von nun an in Ihre Wirklichkeit ziehen.

Wie wäre es, Sie würden diesen Schlüssel nun nehmen und damit die Tür zu Ihrer Spiritualität wieder öffnen?

Wie wäre es, Sie würden Ihren Herzraum betreten und Ihre Lebensmelodie in hellen, fröhlichen, sorgenfreien Tönen erklingen lassen?

Wie wäre es, Sie würden wieder staunen über die Kraft, die in Ihnen ist, und über den Rhythmus, der Sie beflügelt?

Das Herz ist ein Wunder, ein kosmisches Geschenk.
Es ist umgeben von elektromagnetischer Energie, die fünftausend Mal intensiver auf Sie einwirkt, als die Energie Ihres Gehirns es vermag. Diese Energie dürfen Sie nutzen – für Ihre Wünsche, für Ihre Träume. Mit dieser Energie können Sie das Beste anziehen, was in diesem Leben möglich ist.

Es braucht nicht viel, nur ein kleines Drehen in Ihrer Vorstellungskraft, um das zu empfangen, was Ihnen zusteht: Glück in den höchsten Tönen.

***

Kapitel 1

Mit dem Herzen sehen

Dass Sie mit mir gemeinsam die Herztür öffnen möchten, zeigt: Sie selbst haben den Zugang verloren. Irgendwann nahmen Stress, Enttäuschung, Verlust- und Existenzängste überhand in Ihrem Alltag. Und darüber ist Ihr Herz aus dem Takt geraten. So geht es vielen Menschen, damit sind Sie nicht alleine.

Die Zahl der Patienten in Deutschland, die unter diffusen Herzproblemen leidet, wächst stetig. Längst haben die Mediziner ihren Fokus erweitert, richten ihre Aufmerksamkeit nicht nur auf den Infarkt, sondern auch auf das Broken-Heart-Syndrom und auf ein schwächer werdendes Herz: die Herzinsuffizienz. 39 Prozent aller Sterbefälle sind jährlich auf Herz-Kreislauf-Probleme zurückzuführen[2], eine Zahl, die erschreckt und die mich als Heilerin fragen lässt: Wo bleibt die Spiritualität, die vom Herzen ausgeht, wenn ein Herz in diesem Maße erkrankt? Nun, die Antwort drängt sich geradezu auf, denn die Spiritualität erblasst, wenn das Herz leidet.

Ein Herz in Stress und Not wird zunächst um sich schlagen, den Takt erhöhen, den schnellen Rhythmus verfolgen. Es wird sich überfordern, und das hat Konsequenzen für den Körper. Die Organe laufen auf Hochtouren, die Muskeln verkrampfen, die Sehnen verkürzen. Härte tritt ein. Und doch ruft das Herz immerzu nach Stille, Entspannung, Achtsamkeit, wird hilflos, wenn seine Rufe nicht gehört werden. Dann kann es sein, dass in diesem Tumult eine Ader verstopft, eine Herzwand sich verschiebt, dass der Muskel eine Funktionsstörung erleidet. Irgendwann wird das Herz dann leise und brüchig. Am Ende wird es seine Idee von einer Lebensmelodie verwerfen. Die Energiefelder schwächeln. Was einst harmonisch und voller heller Emotionen war, wird noch wie eine Pumpstation sein. Sollten Sie das aktuell spüren, dann wird es Zeit, Ihren Herzraum wieder zu öffnen, um Ihre Selbstheilung zu aktivieren.

Als Heilerin merke ich, dass in einer beschleunigten Zeit, in der die Aufgaben im Beruf komplexer werden und in der morgen nicht mehr gilt, was heute sicher erscheint, die Sehnsucht nach einem inneren Schutzraum steigt. Es ist die Sehnsucht danach, loszulassen von den gebastelten und gepushten Karrieren, von anstrengenden Beziehungen, von fremden Zielen. Solch einen Raum gibt es tatsächlich in Ihnen. Er ist spirituell, weit, reich und voller Möglichkeiten. Er ist der Raum, in dem Ihr Potenzial wohnt und somit die Seele.

Wie wäre es, ich würde nun vor Sie treten und Ihnen sagen: Sie sind nur wenige Schritte, nur wenige Minuten davon entfernt, wieder Wärme, Farbe, Zuversicht in Ihren Alltag zu holen, Ihrem Herzen wieder zuzuhören, es wertzuschätzen für seine Leistung und sein Hellsehen, Hellhören, Hellfühlen?

Wie wäre es, Sie würden an dieser Stelle nicken und den Entschluss fassen, diese Tür zu Ihrem Herzraum aufzuschließen?

Mit diesem Entschluss bereits geben Sie Ihrem Herzen eine spirituelle Bedeutung und verändern den Fokus, fort von der Fremdbestimmtheit und hin zu sich selbst. Sie betrachten sich aus einer inneren Perspektive und spüren eine Freude über das Betreten dieses Raumes. Damit hat sich schon die neuronale Chemie Ihres Herzens verändert. Sie wird durchlässiger und geschmeidiger. Die Kruste aus Sorgen und Bedenken, aus Stress und Angst beginnt zu bröckeln.

Was einfach klingt, ist es auch. Denn Ihr Herz ist bereit zu verzeihen. Egal wie traurig und gestresst Sie gestern waren, wie viel Ärger Sie ihm zugemutet haben, egal wie viele schlechte Gedanken Ihr Herz aufnehmen, verarbeiten und weiterleiten muss, es ist immer, in jeder Sekunde bereit, sein Innerstes für Sie zu öffnen und Sie eintauchen zu lassen in diese Schatzkammer der hellen, guten Gefühle. Den Schlüssel halten Sie bereits in der Hand.

Sobald Sie sich dessen bewusst sind, sobald Sie sich vorstellen, den Schlüssel ins Schloss zu stecken, eine kleine Drehung nach rechts zu wagen, gelangen Sie bereits in eine andere Frequenz Ihres Seins. Sie lassen hinter sich, was stört. Sie gehen in einen neuen Bewusstseinsraum, in dem alles möglich ist. Konkret heißt das, Sie erleben sich als einen selbstwirksamen Menschen, der entscheidet: Es reicht! Ab sofort ändere ich mein Leben. Und genau in diesem Augenblick des Gewahrwerdens Ihrer Herzkraft erwacht Ihre Spiritualität. Die übrigens ist Ihnen angeboren!

Staunen wie ein Kind

Als Sie den ersten Schrei nach der Geburt in dieses Leben sandten, da öffneten Sie gleichsam Ihre Herztür. Von der medizinischen Seite her betrachtet, entfalteten sich die Lungenflügel und das Herz pumpte zum ersten Mal eigenständig das Blut in die Lunge, die Lunge füllte es mit Sauerstoff und ließ es ins Herz zurückfließen, und von dort entstand der beeindruckende Kreislauf Ihres Lebens. Da waren Sie noch voller Hoffnung, das Leben würde gut, Sie würden Lob, Achtung, Anerkennung erfahren, einfach so, einfach weil Sie sind, wie Sie sind, und so sind Sie gut. Aber bald schon kamen Ihnen die ersten Zweifel, denn Sie mussten erfahren, dass vor dem Lob die Leistung steht.

Für mich ist diese Erfahrung ein erster Riss in der Spiritualität, denn ein leistungsgetriebenes Lob und die darauffolgende Jagd nach einem Mehr dieser fremdbestimmten Anerkennung schubst den Menschen Stück für Stück aus seinem Herzraum. Er agiert dann zunehmend im Außen, sieht hin, was andere von ihm erwarten, will erfüllen, was nicht sein Eigenes ist.

Liebe wird dann mit Erfolg verbunden, Anerkennung stets mit guten Noten. Wer Leistung bringt, erhält ein Lächeln. Wer nur um seiner selbst willen geliebt werden will, der wird lange auf ein zärtliches Wort warten. Und mit den Jahren rücken Zahlen, Daten, Fakten zunehmend in den Vordergrund, Berechenbarkeit ist wichtig und Gefühle sind nur eine Verzierung im Alltag. Was aber geschieht mit dem Herzen? Die Tür zur eigenen Spiritualität schließt sich und damit verliert der Mensch die angeborene Gabe, über sich selbst zu staunen.

Kommt Ihnen das bekannt vor?

Fühlen Sie sich manchmal, als seien Sie auf einem falschen Weg unterwegs?

Erst in Krisensituationen stellen sich Menschen die Frage, was schiefgelaufen ist in ihrem Leben, und landen mit dieser Frage in der Kindheit. Denn bereits dort sind die Narben entstanden, sind die unerfüllten Sehnsüchte zu einer schweren Last geworden. In diesen Momenten, in denen Menschen einsehen müssen, dass sie nie zuvor bedingungslos geliebt worden sind, erkennen sie ihre Verletzung am Herzen. Denn nicht erfahrene Liebe hinterlässt Spuren. Kardiologen der Universität Ulm haben vor wenigen Jahren entdeckt, dass liebevolle Beziehungen das Herz stärken und umgekehrt: Wer sich ungeliebt fühlt, dessen neuronale Chemie verändert sich. Verantwortlich ist das Hormon Oxytocin, das gemeinhin als Kuschelhormon bezeichnet wird, weil es selbst die Zellen schillern lässt, wenn wir uns umarmt und geborgen fühlen, angenommen von den Menschen, die in unserem Leben wichtig sind. Dachte man bislang, dieses Hormon würde im Gehirn gebildet, so belehren uns die Wissenschaftler nun eines Besseren: „Wir wissen heute nicht nur, dass sich an zahlreichen Stellen im Herzen Oxytocin-Rezeptoren befinden. Das Herz schüttet sogar selbst auch Oxytocin aus", sagt Christiane Waller, leitende Oberärztin am Universitätsklinikum Ulm[3]. Im Herzen werden also, ebenso wie im Gehirn, verschiedene Neurotransmitter und Hormone ausgeschüttet, unter anderem das Liebes-Hormon Oxytocin. Wir dürfen vermuten: Vertrauensvolle Beziehungen stärken von Kindheit an das Herz, und jede Geste der ehrlichen Zuwendung zeichnet Spuren hinein.

Da wünschte sich das Kind ein Lob, weil ihm etwas gelang. Vielleicht hat es zum ersten Mal einen Turm aus Holzklötzen gebaut, der stand und nicht kippte, und es klatschte in die Hände, rief nach der Mutter, sie solle kommen und sich mit ihm freuen. Aber die Mutter blickte von ihrem Handy nicht auf, strich endlos mit dem Finger über dieses Gerät, und das war ihr wichtiger als der Jubel des Kindes. Wenn diese Situation sich wiederholte, dann erfuhr der kleine Mensch, dass seine Leistung keine Würdigung wert war, dass seine Freude unerwidert verpuffte im Nirgendwo. Es lernte: Ich bin nicht wichtig. Es lernte auch, sein Herz zu verschließen, um die Enttäuschung nicht ungefiltert hineinzulassen. Später als Erwachsener hat dieser Mensch längst den Zugang zu jenem Raum verloren, in dem die Selbstwertschätzung und die Selbstheilungskräfte verankert sind. Statt sein Herz als eine sich nie erschöpfende Quelle heller Gefühle, positiver Energie zu entdecken und zu nutzen, hat er gelernt, sich aus Eigenschutz zu verhärten, um sich unangreifbar zu machen für seine Kritiker und auch für die miesen kleinen und großen Schikanen des Schicksals. Wir können sagen: Dieser Mensch hat die Härte trainiert.

Nur manchmal in stillen Stunden ahnt er, dass es in ihm eine Quelle gibt, die wieder sprudeln könnte, wenn er sie aktivieren würde. Dann mag er denken: Das Leben muss doch mehr bereithalten als Stress und Termine, als Druck und Krankheit und Beschränkung und Sorgen. „Ja", will ich Ihnen zurufen. „Ja, das Leben ist auch für Sie ein Feld schier endloser Möglichkeiten, und der Weg dorthin führt geradewegs durch Ihr Herz."

Sie können den Zugang, der sich in Ihren Kindertagen leider verschlossen hat, wieder öffnen! Und ich hoffe, Sie entscheiden jetzt, in diesem Augenblick, in dieser kurzen Gegenwart aus drei Sekunden, mit mir den Herzraum zu betreten. Ich verspreche Ihnen, dass in diesem Raum ein unbekümmertes Leben, Tage voller Zuversicht, Jahre voller erfüllter Wünsche auf Sie warten. Sie werden loslassen von Beziehungen, die Ihnen nicht guttun, von Aufgaben, die nicht Ihrem Potenzial entsprechen. Sie werden den Blick nicht mehr auf den Mangel richten, denn ein Mangel zieht weiteren Mangel an. Stattdessen marschieren Sie auf Ihrer Zeitspur mit dem Wissen weiter, dass Sie alles an sich ziehen können, was für Sie richtig ist. In Ihrem Herzraum verändern Sie Ihre Frequenz, um Ihrem Leben wieder jenen Reichtum zu geben, den Sie mit auf diese Welt brachten und der mit den Jahren verschüttet wurde durch Enttäuschungen und Fremdbestimmung. Sie können schlichtweg entscheiden: Jetzt werde ich glücklich!

Warum das funktioniert? Weil Sie die elektromagnetische Energie, die Ihr Herz aussendet, beeinflussen können. Sie können sie erweitern, erhellen, Sie können ihr Farben hinzufügen. Sobald Sie mit einer kleinen Veränderung Ihres Fokus den Mangel, den Zweifel, das Leiden ausblenden und stattdessen in Liebe an das denken, was Sie sich wünschen, sobald Sie sich mit allen Facetten Ihres Seins ausmalen, wie sich Ihr Leben anfühlt, wenn Sie bereits dort angekommen sind, wo Sie sein wollen, wird sich die Frequenz ändern. Denn auch das Glück ist nichts weiter als eine Konditionierung. Sie können Ihr Glück erlernen und trainieren, und der Start bedarf nur einer fünfminütigen Meditation, durch die ich Sie am Ende dieses Kapitels leite.

Die dunklen und
die hellen Gefühle

Es mag sein, dass Sie an dieser Stelle ein wenig zögern. Das verstehe ich gut, weil es zu zauberhaft klingt, um wahr zu sein. Auch in meinen Workshops zur Herzöffnung höre ich häufig den Einwand, dass sich eine Krise nicht einzig mit guten Gedanken und einem guten Herzgefühl beenden lässt. Ja, das ist richtig. Es gibt Krisen, die sind nicht mit einem Atemhauch zu tilgen, die sind handfest und beeinflussen Ihr Leben. Dann mag es richtig sein, zu trauern, innezuhalten, die Hilflosigkeit auszuhalten. Krisen sind schmerzhaft und oftmals lähmend. Es scheint, als würde das Leben mit schwarzen, dicken Pinselstrichen jeden Traum vom Glück, jede Zufriedenheit übertünchen, und am Ende gibt es keinen Schimmer von Hoffnung mehr. Auch ich habe mich in einer solchen scheinbar ausweglosen Situation befunden. Ich war am Ende mit meinen Kräften. Ich war in einem Burnout gelandet, der einherging mit einer tiefen gefühlten Depression und einem Aufgeben all dessen, was mir zuvor im Leben wichtig war: Job, Beziehung, Freundschaften, Hobbys, Reisen, Literatur. Meine Energie reichte nicht mehr und ich sah zu, wie meine Persönlichkeit diesem Leben zu entgleiten drohte, und ich spürte doch keinen Impuls mehr, daran etwas zu ändern. Ich weiß, wie sich Menschen fühlen, die unten sind, weil sie ihre Zuversicht verloren haben, jemals wieder einen Schritt in ein gelingendes Leben setzen zu können.

Eine Krise, die einhergeht mit einem fehlenden Sinn für das Leben, laugt Menschen aus, und zwar so lange, bis sie den Glauben an sich selbst verloren haben. Und doch habe ich viele tausend Mal erfahren, dass jede Krise eine Chance sein kann, wenn wir uns fragen: Wie kam es zu diesem Absturz im Leben? Die Antworten, welche die meisten Menschen in dieser Phase der Reflexion finden, deuten darauf hin, dass über einen langen

Zeitraum dunkle Gefühle das Handeln leiteten. Sie haben im Stress gelebt, haben Raubbau an ihrem Körper und Geist getrieben. Sie haben überhöhte Ansprüche an sich selbst gestellt, haben die Warnsignale nicht gehört, sondern vielmehr bei Niederlagen versucht, noch mehr zu leisten, mehr dem Körper abzutrotzen. Sie waren perfektionistisch, neidisch, gierig, geizig, verschwenderisch, kämpferisch, ohnmächtig. Nur eines waren sie nicht: liebevoll. Und dieses Ungleichgewicht der dunklen und hellen Gefühle hat ihre innere Balance in eine Schräglage gebracht, hat sie mehr und mehr in den Abgrund gerissen. Sie können wieder aufsteigen! Sie müssen da unten nicht bleiben! Denn die Natur hat uns einen Mechanismus geschenkt, den Krisenmechanismus. Der springt an, indem Sie sich sagen: Was immer im Außen auf mich eindrückt, was immer mich zu diesen verzweifelten Gefühlen treibt, ich kann jetzt, in diesem Moment, ein Stoppsignal setzen. Ich kann mich abwenden, umdrehen, die Frequenz verändern. Ich kann die Stärke in mir selbst als Schutzschild gegen die Krise nehmen, kann es hochhalten und mich dahinter zurückziehen in meinen Herzraum, um dort Stille zu finden. Sie ahnen nicht, wie stark und energetisch gefüllt Sie diesen Raum wieder verlassen werden.

Dann wird die Kündigung im Job, das Mobbing durch Kollegen, die Trennung vom Partner, die Krankheit, werden die Geldsorgen nur zu einer im Außen stattfindenden, vorübergehenden Lage, die Sie bewusst beenden, weil Sie sich den äußeren Umständen nicht mehr beugen. Sie lassen los von aufreibenden Problemen, von schädlichen Umständen, von Menschen, die Ihnen nicht guttun. Sie verzeihen sich selbst Ihre Fehler. Sie ringen nicht mehr um Lösungen, weil Sie spüren: Es ist Zeit, ein neues, ein fruchtbares Feld zu betreten.

Für mich ist es spannend zu sehen, wie Menschen, die sich im Außen verrannt haben, durch die Herzöffnung zu sich selbst zurückfinden. Das ist der Wendepunkt. In diesem Moment der inneren Einkehr stoppen sie die Krise. Keine Vorwürfe mehr an andere. Kein Blick auf den Mangel. Annehmen, was ist, um dann endlich, nach vielen Entbehrungen, Überanstrengungen, nach endlosen Grübelschleifen den Schlüssel in der eigenen Hand wiederzuentdecken und sich zu sagen: Die Entscheidung für ein gutes Leben liegt bei mir! Welch eine Kraft bietet diese Einsicht. Es verändert sich der Hautwiderstand, die Haut wird geschmeidig. Es verändert sich der Blick, der Mund, der Tonus an jedem Muskel, der Körper strafft sich. Endlich leuchtet etwas auf, das von Ruhe, Freude, Inspiration erzählt. Menschen, die vor ihrer Herztür wieder angekommen sind, empfinden das Verlangen, dieses kleine Leuchten zu einem großen, weit strahlenden Licht auszubreiten, über das Herz, den Körper, den Geist hinaus. Und sie nehmen den Schlüssel und schließen den Herzraum tatsächlich auf, weil alles in ihnen sich nach einem Ende der Krise, der Krankheit, des Mangels sehnt. Sie wollen ein Leben in Harmonie, ein Leben, das ihrem Potenzial entspricht. Sie lenken ihre Energie in eine andere, eine positive Richtung.

Weite im Herzen

Sicherlich kennen Sie den Weltbestseller von Antoine de Saint-Exupéry, der seinen kleinen Prinzen zwischen der Erde und den Sternen wandeln lässt und ihm kluge Sätze in den Mund legt wie:

„Man sieht nur mit dem Herzen gut. Das Wesentliche ist für die Augen unsichtbar." Was der Autor als Poetik schrieb, ist medizinisch bestätigt. Das Herz fühlt, bevor wir sehen, was uns schadet oder fördert.

Denn das Herz verfügt über ein eigenes Nervensystem mit ca. 40.000 neuronalen Verschaltungen. Es empfindet und erinnert sich, es zeichnet Spuren Ihrer Erfahrung auf. Es sendet unentwegt Signale an Ihren Verstand, an Ihren Körper, an jede einzelne Zelle, und ist 24 Stunden lang bemüht, eine Kohärenz aller Systeme herzustellen. Und nun stellen Sie sich einmal vor, mit welchem Energieaufwand das geschehen muss, wenn es in Ihrem Äußeren zu Störfaktoren kommt oder wenn Sie versuchen, die Dinge anders zu interpretieren, als die Wirklichkeit sie abbildet? Dann geraten Ihre Systeme aus den Fugen und Ihr Herz muss mit Höchstleistung arbeiten, um Sie dennoch lebenstüchtig zu halten.

Wie wäre es also, würden Sie demnächst auf die kleinen ersten Zwischentöne Ihres Herzens achten? Es flüstert Ihnen nämlich sehr früh zu, wenn sich etwas anbahnt, das Energie absaugt und Ihre Strahlkraft mindert. Dann mag es sein, dass Ihr Großhirn noch eine ganze Weile versucht, Sie zu beruhigen. „Nicht so schlimm." „Die Aufregung legt sich wieder." So und ähnlich lauten die Plattitüden, die uns weiterschieben, immer dem Stress entgegen. Währenddessen scannt, analysiert und bewertet das Gehirn die Situation, sucht im Gedächtnis nach ähnlichen Erlebnissen und auch nach Lösungen. Das Herz aber lässt sich nicht täuschen und nicht hinhalten. Es reagiert bereits, bevor das Gehirn sein Ergebnis signalisiert. Ihr Herz ist wie ein Detektor für Stimmung und immer bemüht, die Synchronizität zwischen Wahrnehmung und Wirklichkeit herzustellen.

Ich erinnere mich gut an Marlies B. Sie arbeitete in einem Konzern, der aufgrund zurückgehender Aufträge die Abteilungen umstrukturierte. Sie fürchtete ebenso wie ihre Kollegen um den Arbeitsplatz, denn es war absehbar, dass Kündigungen folgen würden. Von da an verschlechterte sich die Stimmung im Team in einer subtilen Art. Jeder versuchte, den Kollegen Informationen vorzuenthalten, einen Vorteil für sich selbst zu erreichen. Man tat freundlich, aber wahrte nur den eigenen Vorteil. Man rückte ab von dem Gedanken, ein Team zu sein. Marlies' Herz reagierte früh. Sie wachte nachts schweißgebadet auf, hatte Atemnot. Sie fühlte sich zunehmend matter, aber sie ignorierte die Zeichen. Nur anstrengen, nur kein Schlusslicht werden, dachte sie und trat unwillentlich ein in den Kampf ums Überleben am Arbeitsplatz. Bis sie einen herben Stich im Brustraum spürte. Sie suchte einen Kardiologen auf, der aber sagte: Organisch ist alles in Ordnung. Dann sah er lange in ihr blasses, trauriges Gesicht und fragte, ob ihre Psyche angeknackst sei? Ob Sie Ärger habe oder Stress? Denn darauf reagiere das Herz extrem, das mache es rasend. Marlies B. landete nach einem Jahr in einer Depression, von der sie sich erst mit konsequenter Meditation und mit Techniken, um ihr Herz zu heilen, wieder erholte.

Organisch gesund, so lauten viele Diagnosen. Aber wie sieht es mit der Seele aus? Die Pumpkraft des Muskels Herz, die lässt sich messen, die können wir mit bildgebenden Verfahren darstellen. Um den Zustand der Seele zu erkennen, um die Nuancen, die Farben, die Konsistenz wahrzunehmen, gibt es nur einen Weg: den Weg in den Herzraum.

Folgen Sie mir deshalb durch die Meditation. Mit wenigen Gedanken öffnen Sie Ihr Herz, verbinden sich mit Ihrem lebensspendenden Organ und mit der Liebe, die in ihm ist. Sie sprengen die Kruste aus Stress und Sorgen und wagen sich wieder hinein in Ihre Seele. Sie verbinden sich wieder mit sich selbst, um das Beste in Ihr Leben zu ziehen, was dieses Leben Ihnen bietet.

Das ganze Universum ist im Körper enthalten,

der ganze Körper im Herzen. So ist das Herz der Kern

des ganzen Universums.

(Ramana Maharshi, indischer Guru)

Übung

Die ersten Schritte
in den Herzraum

1. Sitzposition einnehmen

Setze dich bequem, mit geradem Rücken auf einen Stuhl.
Gerne kannst du die Lehne als Stütze nutzen.

Gehe mit der Aufmerksamkeit zu deinen Füßen.
Spüre, wie die Fußsohlen flach auf dem Boden stehen.

Der Boden trägt dich.

Gehe mit deiner Aufmerksamkeit zum Becken.

Spüre, ob sich das Becken für dich gut anfühlt.
Nimm die Freiheit wahr, die das Becken im Raum hat.

Gehe mit deiner Aufmerksamkeit zu deinen Schultern.
Spüre, ob sich der Schultergürtel für dich gut anfühlt.
Nimm die Freiheit wahr, die deine Schultern im Raum haben.

Lege die Hände entspannt auf deine Oberschenkel.
Öffne die Handflächen nach oben.

2. Atemfluss im Körper spüren

Gehe mit deiner Aufmerksamkeit zu deinem Atem.

Spüre, wie der Atem durch die Nasenflügel in den Brustkorb
und in den Bauch fließt. Dein Bauch wölbt sich mit dem
Einatmen in den Raum.

Spüre, wie sich dein Bauch beim Ausatmen wieder senkt, wie
der Atem durch das Brustbein steigt, wie er über die Nasenflügel oder den leicht geöffneten Mund wieder in den Raum
entweicht.

Zähle bis vier, wenn du einatmest. Zähle bis sechs, wenn du ausatmest. Dann finde einen Rhythmus, der für dich stimmig ist. Forciere nichts. Lass den Atem kommen und gehen, kommen und gehen. Du entspannst dich mit jedem Atemzug.

3. Hand auf dein Herz legen

Lege nun eine Hand flach auf dein Herz.

Lass deine Handfläche auf dem Herzen ruhen.

Schließ deine Augen.

Halte innerlich deine Aufmerksamkeit auf deiner Hand, die flach auf deinem Herzen liegt, und atme entspannt in deinem Rhythmus weiter.

Nimm die wohlige Wärme unter deiner Hand wahr. Genieße diese Wärme. Es ist der Moment, in dem du dich bewusst mit deinem Herzen verbindest. Gib dich diesem Moment hin.

4. Tiefer in den Herzraum gehen

Ziehe deine Mundwinkel nach oben. Lächele. Halte das Lächeln im Gesicht.

Halte deine Aufmerksamkeit auf deiner Hand auf dem Herzen. Nimm weiterhin die wohlige, sich ausdehnende Wärme wahr.

Sende dein Lächeln in diese Wärme hinein.

Atme entspannt weiter. Zähle bis vier beim Einatmen und bis sechs beim Ausatmen.

Nimm wahr, wie sich Atem und Lächeln und Wärme verbinden, wie ein beschwingtes Gefühl sich in dir ausdehnt. Lass es zu. Lass dieses Herzlächeln einen Raum in dir einnehmen, gib ihm Weite. Sende das Lächeln vom Herzen in den ganzen Körper, erreiche alle Organe und Zellen, lass zu, dass dein Herzlächeln in dir strahlt.

Nimm die Leichtigkeit in dir wahr. Du bist jetzt mitten in deinem Herzraum angekommen. Wie wunderbar.

▶ Diese erste Übung öffnet dein Herz. Wichtig ist es, keine Bilder zu konstruieren, keine Bewertungen vorzunehmen. Nichts soll anstrengend sein, nichts forciert werden. Du sitzt, atmest, nimmst die Wärme wahr, berührst dein Herz, lächelst ihm zu. Das ist alles.

In dieser Einfachheit liegt eine immense Kraft, die du mehrmals am Tag aktivieren kannst. Plane anfangs für diese Übung fünf bis fünfzehn Minuten ein. Aus Erfahrung weiß ich: Die Herzöffnung kann süchtig machen! Viele meiner Seminarteilnehmer berichten, dass sie zwei bis drei Mal pro Tag in dieser Weise den Kontakt zu ihrem Herzen aufnehmen und ihm zulächeln und sich so stärken in ihrem eigenen Raum.

Literatur Kapitel I

2   Quelle: https://www.welt.de/gesundheit/article161493922/Das-schwache-Herz-die-unterschaetzte-Volkskrankheit.html (Zugriff am 28.8.2018)

3   Quelle: https://www.zeit.de/2016/38/liebe-gesundheit-nervensystem-koerper-gehirn-geist-biochemie/seite-3 (Zugriff am 28.8.2018)

Kapitel 2

Innere Verbote auflösen und neue Energiefelder betreten

Der Dichter Stefan Zweig schrieb in der Erzählung „Phantastische Nacht" einen bemerkenswerten Satz. Als ich ihn zum ersten Mal las, da öffnete sich mein Herz. Denn dieser Satz trifft mitten in das Potenzial, in die innere Stärke. Er drückt in poetischer Weise aus, wie es sich anfühlt, in sich selbst zu Hause zu sein. Stefan Zweig schrieb: „Wer sich einmal selbst gefunden, der kann nichts auf dieser Welt mehr verlieren. Wer einmal den Menschen in sich begriffen hat, der begreift alle Menschen." Sich selbst zu finden, das gelingt Ihnen, wenn Sie in Ihrem Herzraum verweilen, wenn Sie wenige Minuten täglich Ihrer Herzmelodie lauschen und sich erfüllen lassen von diesem individuellen Klang. Nur mag es sein, dass Sie feststellen: Die Tür zu diesem Raum ist verschlossen. Sie mögen überlegen, wann das geschah, wann Sie derart unbedacht waren und sich den Zugang zu Ihren hellen Gefühlen, zu Ihrem Potenzial versperrten. Nun, ich kann Ihnen sagen: Sie trifft keine Schuld. Es waren Ihre Eltern, Lehrer und andere Autoritätspersonen, denn die stemmten sich damals mit Worten und Gesten gegen Ihre Herztür, und zwar so lange, bis sie ins Schloss fiel, bis Sie den Zugang zu Ihrem klaren Potenzial verloren.

Am Anfang eines Lebens steht jede Herztür weit offen. Der Säugling atmet die Freude ein, die Neugierde auf Gegenwart und Zukunft. In ihm gibt es noch keine hinderlichen Muster, geprägt aus negativen Erfahrungen. Es gibt noch keine Vergangenheit, die traurig stimmt. Alles ist unberührt von Negativem und deshalb strahlt seine Energie ungehemmt und hell. Für den neugeborenen Menschen ist jeder Tag ein Wunder voller überraschender Momente, und jeder Moment ist es wert, mit einem Lächeln empfangen zu werden. Lediglich Hunger, Durst und Müdigkeit verderben kurzfristig die Laune, aber diese Marginalien, so lernt der Säugling bald, lassen sich beheben und danach kehrt wieder Friede ein.

Wie schön wäre es, könnte es so weitergehen, könnten sich die ersten Töne zu Klangfarben entwickeln, sich in dieser Art ununterbrochen fügen zu einer Lebensmelodie. Bald schon merkt der kleine Mensch, dass die Farben in ihm sich verdunkeln, dass Dissonanzen entstehen. Es gibt Widerstände von außen. Die durchdringen sein Selbstbewusstsein, wandern ins Unterbewusstsein, und damit klingt das Leben nicht mehr ganz so harmonisch, wie der Anfang es versprach.

Der Samen der Traurigkeit

Meist im Alter von sechs bis sieben Jahren beginnt das, was wir gemeinhin Erziehung nennen. Dann fliegen uns Sätze um die Ohren wie: „Das kannst du nicht." „Du bist nicht gut genug." „Dir wird das nicht gelingen." „Du bist zu schwach, zu langsam, zu dumm."

Eltern sprechen sie aus, um Kinder zu mehr Leistung und Benehmen anzufeuern. Lehrer nutzen sie, um Kinder still zu halten und zu mehr Disziplin aufzufordern. Nur erreichen diese Sätze beim Kind das Gegenteil. Die Leistung lässt nach, denn das Selbstvertrauen erhält einen Knacks, die geforderte Disziplin kann nicht entstehen, weil das Kind traurig wird und damit eine Antriebslosigkeit einhergeht. Und damit beginnt eine unsägliche Spirale: Der Traurigkeit folgt Liebesentzug, folgt das Gefühl, nicht zu genügen. Das Fatale an solchen eingeimpften, hinderlichen Sätzen ist, dass eine Prägung im Herzen und im Gehirn entsteht, dass diese Prägung jede Zelle erreicht, denn in jungen Jahren ist der Mensch besonders empfänglich für das Urteil der anderen. Er nimmt die Meinungen der Eltern und Autoritätspersonen ungefiltert an, saugt wie ein Schwamm das Wasser dieser schädlichen Sätze auf. Mit den Jahren entstehen Überzeugungen, die auf Mangel beruhen:

„Ich kann das nicht.“
„Ich muss perfekt sein.“
„Ich bin nichts wert.“
„Ich muss gehorchen, um geliebt zu werden.“
„Was ich will, ist nicht wichtig.“
„Ich muss abwarten, stillhalten, bis ich an der Reihe bin, bis man mich auffordert zu reden.“

Diese Verbote und hinderlichen Glaubenssätze schließen die Herztür. Denn das Herz will sich nicht für ein Denken und Handeln im Mangel öffnen. Es schützt sich gegen Angriffe dieser Art, weil es solche Prägungen vermeiden will. Und doch schleppt der Mensch fortan diese Sätze mit durch sein Leben. Er wird sie nie vergessen, nie auslöschen können, wenn es ihm nicht gelingt, die Herztür wieder aufzuschließen und die alte Programmierung loszulassen, sich auf eine andere Frequenz zu begeben, ein neues Energiefeld zu betreten.

▶ Haben Sie sich einmal gefragt, was Ihr hinderlicher Glaubenssatz ist? Es gehört ein wenig Mut dazu, sich diesen Glaubenssatz wieder ins Bewusstsein zu rufen, aber um wirklich frei und selbstbestimmt zu werden, ist diese kurze Begegnung ein wichtiger Schritt. Denn nichts wirkt so mächtig wie die Programme des Unterbewusstseins. Sie sind für mich der Treiber von Krankheit, von unerfüllten Beziehungen und beruflichem Misserfolg.

Ein Leben, in dem innere Verbote wirken können, hat Folgen für Körper, Geist und Seele:

- **Der Körper** wird starr. Er verhärtet. Er beugt sich der permanenten Traurigkeit, der Rücken wird krumm.
- **Der Geist** verliert seine Flexibilität, weil die Neugierde stirbt. Im Mangel ist ein Mensch ichbezogen, wertend und neidisch. Dieser Zustand wirkt sich negativ auf soziale Kontakte aus und auch auf die Karriere. Am Ende folgt die Resignation.
- **Die Seele**, die im Herzen wohnt, leidet, denn das Herz zieht sich zusammen. Druck entsteht im Brustraum. Die lichtvollen Energiefelder verlieren ihren Ausdruck, sie schwingen nicht mehr in Liebe und Dankbarkeit. Am Ende verliert das Herz den Zugang zu seinem schöpferischen Ursprung.

Egal wie alt ein Mensch ist, egal wie viele vermeintliche Erfolge er sich im Beruf erarbeitet hat, sobald er diese alten Verbote und Glaubenssätze wieder hört, wird sein Selbstbewusstsein einbrechen. Er wird verzweifelt versuchen, sich zu wehren, wird sich zwar auf der rationalen Ebene sagen: „Ich bin gut, fleißig, liebenswert, talentiert", doch das alte Echo in ihm wird lauter sein. Ein Konzernmanager, der Tausende Mitarbeiter leitet, eine Rechtsanwältin, die von jeder Gegenpartei gefürchtet wird, eine alleinerziehende Mutter, die fünf Kinder begleitet und ihren kranken Vater pflegt, sie alle leisten Enormes, aber sie brechen emotional ein, wenn die alten Glaubenssätze wieder übermächtig werden.

Ungleiches Spiel

Erinnern Sie sich an das Spiel Seilziehen, das Sie in den Schulpausen oder in Turnstunden mochten? Stellen Sie sich einmal vor, auf der einen Seite des Seils zerren kräftige, unbeugsame Kerle. Das sind die inneren Verbote und Glaubenssätze Ihrer Kindheit, und die erheben sich aus dem Unterbewusstsein. 95 Kerle stehen da, bereit, am Seil zu ziehen, bereit, Sie stolpern zu lassen. Am anderen Ende stehen Sie mit Ihrem aktuellen Bewusstsein für das, was Sie als Erwachsener leisten. Sie stehen da mit all den positiven Sätzen, die Sie sich morgens im Spiegel zuflüstern, weil Ihr Coach Ihnen dazu riet. Mit einem Lächeln im Gesicht und der Absicht, dem Leben etwas Gutes abzutrotzen, sagen Sie sich Sätze auf wie: „Ich bin eine gute Mutter." „Ich bin fähig, die Verantwortung für meine Mitarbeiter zu übernehmen." „Ich bin klug und fleißig und stolz darauf." Wenn Sie dieses aktuelle Bewusstsein nun in die Waagschale werfen, dann verfügen Sie über die Kraft von fünf Personen. Denn genau das ist das Verhältnis zwischen der Macht des Unterbewusstseins und der des Bewusstseins: 95 zu 5. Und dann spannen die 95 Kerle die Muskeln. Ihre positiven Vorsätze tun das auch – und wehen wie kleine Fähnchen im Wind. Sie können sich den Ausgang dieses ungleichen Wettkampfes vorstellen. Innerhalb einer Sekunde finden Sie sich auf der alten Tonspur wieder, auf die Ihre Eltern, Lehrer und andere Autoritäten Sie einst schubsten. „Verloren", kommt Ihnen in den Sinn, wieder diesen ungleichen Kampf verloren.

Für mich als Heilerin sind die Affirmationen, die NLP-Trainer ihren Klienten in den Mund legen, nicht wirkungsvoll. Sie sind nicht mehr als ein Puderzuckergeriesel auf einem Zementboden. Sie geben Ihnen vielleicht für eine kurze Zeit den Glauben daran, alles könnte sich verändern, aber sobald die starken Kerle Ihres Unterbewusstseins die Muskeln anspannen, haben nachträglich gelernte Affirmationen keine Chance, Ihre alten

Muster und Prägungen zu verändern. Warum das so ist? Weil Ihre inneren Verbote sabotieren, was Sie träumen, weil sie Sie ohnmächtig machen wollen, weil sie Sie begrenzen und Sie traurig halten wollen und es ihnen leider auch gelingt. Denn sie haben sich festgesetzt in Ihrem emotionalen Speicher im Gehirn, im Mandelkern, der Amygdala.

Der emotionale Speicher im Gehirn

In der Amygdala sind Ihre Instinkte verankert. Sie beherbergt Ihre evolutionsbedingten Reaktionen wie Flucht, Angriff oder Totstellen und Ihre Sinneswahrnehmungen wie Sehen, Schmecken, Riechen, Fühlen, Hören. In diesem Bereich des Gehirns werden Ihre emotionalen Bewertungen abgespeichert und bei Wiedererscheinen entschlüsselt. Besonders Wut und Angst, die Sie in Ihrem Leben erfahren haben, hinterlassen dort tiefe Markierungen.

Die Amygdala, die aus drei Mandelkernen besteht, ist darauf bedacht, sich mit dem Herzen zu synchronisieren. Schlägt das Herz schnell, weil Sie Furcht empfinden, dann gibt diese Region im Gehirn das Kommando, Adrenalin und Noradrenalin auszuschütten. Empfindet das Herz einen Druck, weil Sie wütend oder traurig sind, dann entschlüsselt die Amygdala all Ihre gespeicherten Emotionen und reagiert auch hier mit einem biochemischen Cocktail. Der Cocktail gelangt ins Blut, in die Zellen, durchdringt die Zellmembran und landet im Zellkern. Dort hinterlässt er Spuren. Je mehr Traurigkeit Sie durch den Körper jagen, desto eindeutiger wird diese Programmierung entstehen. Das Zusammenspiel funktioniert perfekt: Jedes vom Herzen gesendete elektromagnetische Signal ruft eine spontane Antwort in der Amygdala hervor. Denn ihre Stärke ist nicht die Interpretation, nicht die Logik, sondern die evolutionsbedingte

Ad-hoc-Reaktion. Kurzum: Harmonie im Herzen erzeugt gedankliche Harmonie. Stress, Angst und Grübeleien erzeugen einen weitflächigen Aufruhr. Davor will das Herz Sie schützen und daher hat es irgendwann zugelassen, dass die Herztür ins Schloss fällt, wenn die Glaubenssätze Traurigkeit und Hilflosigkeit nach sich ziehen.

Es liegt in Ihrer Macht, die Kerle im Unterbewusstsein nicht mehr zum Seilziehen einzuladen. Sie müssen sich nicht messen mit der Vergangenheit. Sie dürfen im Hier und Jetzt entscheiden, diese Kerle ruhen zu lassen und sich abzuwenden von dem, was war. Keine Auseinandersetzung mehr mit dem Mangel der Vergangenheit! Keine Furcht, die Ihrem Alltag vorauseilt, sollten Sie mehr fühlen! Denn Mangel und Furcht, Traurigkeit und Ohnmacht ziehen Gleiches an. Sie werden sich weiter bewegen auf einem destruktiven Weg, werden Ihre Aufmerksamkeit auf diese unliebsamen Gefühle richten und damit die gleiche und immer gleiche negative Energie anziehen. Albert Einstein sagte einmal: „Probleme kann man niemals mit derselben Denkweise lösen, durch die sie entstanden sind." Welch ein spiritueller Satz aus dem Mund eines Mathematikers!

▶ Lassen Sie Ihre alten Verbote los. Arbeiten Sie nicht mehr an ihnen durch Umformulierungen, durch gegenteilige Definitionen. Sie müssen Ihre hinderlichen Glaubenssätze nicht mit halbherzigen Affirmationen überschreiben. Sie sind nicht gezwungen, wieder und wieder daran zu arbeiten, denn all das hält Sie im Mangeldenken fest. Sie dürfen sich umdrehen. Jetzt. Sie dürfen völlig neu und leicht und losgelöst sein. Sie dürfen eine andere Frequenz auswählen. Sie dürfen Ihre Aufmerksamkeit auf die positiven Ereignisse richten, sich sogar vorstellen, diese Ereignisse seien bereits eingetroffen. Die Entscheidung treffen Sie. An jedem Tag, zu jeder Sekunde, mit jedem Atemzug. Und damit öffnet sich Ihre Herztür wieder.

Melodie des Herzens

Das Herz reagiert auf die Nuancen einer Veränderung mit seinem elektromagnetischen Feld. Sie dürfen von einem Moment zum anderen erfahren, wie es sich anfühlt, frei und glücklich zu sein, und dieses Wunder will ich Ihnen mit meiner Herzöffnung näherbringen. Mehr noch: Ich will, dass Sie Ihre ursprüngliche Lebensmelodie wieder hören. Diese Melodie übrigens gehört nur Ihnen. Niemand kann sie kopieren, sie ist Ihr Fingerprint, einzigartig wie der Abdruck Ihres Daumens oder die Farbfacetten der Iris in Ihrem Auge.

Und nun stellen Sie sich vor, nicht mehr Angst, Wut, Zweifel und das Gefühl von Unzulänglichkeit fänden Widerhall, sondern Sie setzten die emotionalen Marker der Selbstliebe in Ihr Herz und von dort aus in Ihre Amygdala. Was passiert? In Echtzeit verinnerlichen Sie dieses Gefühl, und in diesem Moment spielen Herz und Gehirn eine gemeinsame, wohlklingende Melodie. Sie entwickeln Klangfarben, die Sie lächeln lassen und mit Zuversicht erfüllen. Jedes Organ schließt sich diesem Klang an, jede Zelle trägt bei zu dieser Melodie, zu Ihrer Lebensmelodie. Das ist jene Kohärenz, die Sie erreichen, wenn das Energiefeld Ihres Herzens so schwingen darf, wie es das von Natur aus bestrebt. Sie geben ihm die Erlaubnis, Sie entscheiden sich bewusst, die Freude in den Alltag zu ziehen. Aus spiritueller Sicht bedeutet diese Wertschätzung des Herzens, einen Glücksmarker zu setzen, aus medizinischer Sicht ist das die Aktivierung Ihrer Selbstheilungskräfte. Sie benötigen Fakten? Gerne: Jeder Stress ist wie ein Peitschenhieb für Ihr Herz. Solche Impulse pushen den Blutdruck in die Höhe, sie steigern das Risiko von koronaren Herzerkrankungen wie Gefäßverkalkung, Muskelwandverschiebung, Rhythmusstörung und Infarkt. Das alles führt zu Dysfunktionen in Ihren Körpersystemen, es reduziert Ihre Immunabwehr. Sie arbeiten schlichtweg gegen den Körper- und Seelenplan, der mit der Geburt nur das Beste für

Sie vorsah. Nur haben Sie ihn umschreiben lassen von anderen und später alles dafür getan, die schädlichen, fremden Programme zu verfestigen. Sie taten es, um anderen zu gefallen, um Lob und Anerkennung zu erhalten, und dabei verblasste genau jene Energie, die Sie strahlen lässt, wenn Sie so leben, wie Ihr persönlicher Plan es vorsieht.

Die Selbstheilungskräfte mit dem Seelenplan harmonisieren

Mit der wiederentdeckten Erlaubnis, nach dem eigenen Seelenplan zu leben, beugen Sie Krankheiten vor und es kann geschehen, dass allein durch die Kraft Ihres Herzens, durch den Gleichtakt in Ihrem Körper, Beschwerden sich auflösen. Schmerzen an den Gelenken gehen oft einher mit seelischen Einschränkungen im Leben. Besonders Kiefer-, Schulter-, Hüft- und Kniegelenke versteifen sich, entzünden sich, reiben sich ab, wenn wir uns Freiheiten versagen. Dann gehen Menschen in die Schonhaltung. Sie stehen nicht mehr mit beiden Beinen fest im Leben. Sie verlagern ihr Gewicht auf eine Seite, geraten in eine Schieflage. Sie belasten die Gelenke falsch, sie versuchen nachts, die Sorgen mit den Kiefern zu zermalmen. Sorgen und Stress übersäuern den Körper und das schädigt die Gelenke. Auf Dauer reiben sich die Knorpel ab, verkürzen sich die Sehnen, bilden sich Muskeln zurück. Aus der Schonhaltung wird eine Fehlhaltung und am Ende eine Arthrose.

▶ Für mich lautet das Zauberwort einer Gesundung: Loslassen! Sagen Sie sich: „Was war, ist gut. Was kommt, das beeinflusse ich in Liebe und in Dankbarkeit." Und dann stellen Sie sich vor, was für Sie richtig ist. Beschränken Sie sich nicht. Alles ist bereits vorhanden im weiten Feld der Möglichkeiten, Sie dürfen es in Ihr Leben einladen. Wohin Sie Ihre Aufmerksamkeit senden, dorthin folgt Ihre Energie. Senden Sie durch Ihr Herz heilende Gedanken, helle Gefühle in den Bereich Ihres Körpers, der aktuell leidet. Geben Sie dorthin die positive Energie Ihres Herzens.

Zeitlebens ruft Ihr Herz nach Ihrem Eigensinn, nach Ihrem Talent, nach der Reinheit Ihres Charakters und auch nach Gesundheit. Das, was wir mit Potenzial bezeichnen, will es schützen und vor Angriffen bewahren. Und zeitlebens wird Ihr Herz Ihnen in jeder Lebensphase zuflüstern: „Hey, da gibt es etwas in dir, das kostbar ist, so unvergleichlich wie du selbst. Es ist dein Talent und es sind deine Stärken, dein gesamtes Potenzial. Schöpfe daraus." Und wenn Sie weiter in sich hineinlauschen, wenn Sie sich auf dieses wunderbare Abenteuer einlassen, sich selbst wieder zu begegnen jenseits der dicken Kruste aus Verboten und hinderlichen Glaubenssätzen, dann wird dieser Satz von Stefan Zweig zu ihrer Wahrheit: Nichts, nichts auf dieser Welt kann Sie mehr umhauen! Denn Sie sind fest verankert in Ihrem hellen, weiten Feld des Potenzials. Sie stehen wieder mitten in Ihrem Herzraum.

Wenn Sie einmal in Ihrem Herzraum angekommen sind, sich eingerichtet haben, sich dort wohlgefühlt haben, einmal diese positive Energie gespürt und sie an jede Zelle Ihres Körpers gesendet haben, wird sich ein Gleichklang in Ihnen entwickeln, der so stark und intensiv ist, dass er einen Widerhall im Universum, im Energiefeld aller Möglichkeiten finden wird. Sie dürfen darauf vertrauen: Dort spannt sich der rote Faden Ihres Lebens auf, er zieht einen Bogen durch Ihr zukünftiges Leben und dieser Bogen berücksichtigt Ihr Wohlgefühl und Ihre Gesundheit. Mit jeder Herzöffnung arbeiten Sie stetig an Ihrem Seelenplan. Wie ein Künstler sein Werk stets betrachtet, feinschleift und vollendet, so werden Sie zu einem Künstler Ihres Seins. Sie erschaffen, was Sie glücklich macht, und das Medium dazu ist Ihr Herz.

Echtzeit des Herzens

Ihr Herz gehorcht nicht automatisch den Befehlen des Gehirns. Es widersetzt sich, wenn etwas nicht stimmig erscheint. Dann pocht es, stolpert, es gerät aus dem Rhythmus, es sendet Schmerzen aus und erschwert dadurch das Atmen. Und zeitgleich sendet es Befehle an das Gehirn, um dort eine Reaktion zu erreichen, um die Notbremse zu ziehen im Stress und in der Angst. In einer Millisekunde reagiert Ihr Herz auf die äußeren und inneren Umstände. Sobald Sie die Treppe zu schnell hochsteigen, schlägt es schneller, versorgt die Organe und Muskeln mit Nähr- und Sauerstoff, um sie leistungsfähiger zu machen, als der Normalzustand das erfordert. Oder erinnern Sie sich, als Sie sogar die Hand aufs Herz legten, weil Sie sich an eine angenehme Erfahrung erinnerten? Auch fühlen Sie Wärme in Ihrem Herzen, wenn Sie in heiterer Gesellschaft sind. Aber Ihr Herz verkrampft, wenn Ihr Gegenüber missgünstig ist oder wenn Sie eine Gefahr vorhersehen.

Ihr Herz sendet in Echtzeit Impulse aus, die das Gehirn entschlüsselt. Es gibt eine entsprechende neuronale Antwort. Wohin Sie Ihre Aufmerksamkeit richten, dorthin folgt Ihre Energie.

Negative Momente führen zu einem gestörten Muster aus Angst, Wut, Zweifel, Entsetzen. Positive Momente hingegen erzeugen ein harmonisches, kohärentes Energiefeld.

▶ Deshalb lautet mein Rat: Achten Sie auf Ihre Umgebung, Ihr inneres Befinden. Gestalten Sie Ihr Umfeld so, dass es für Sie stimmig ist. Achten Sie auf Ihre Gedanken und Gefühle. Umgeben Sie sich mit Menschen, die über eine positive Ausstrahlung verfügen. Dann synchronisiert sich diese positive Energie. Umgekehrt gilt: Verschließen Sie Ihr Herz vor Situationen, die Ihnen Energie rauben. Ihr Herz ist zwar in der Lage, eine Zeit lang Stress abzublocken, auf Dauer aber würde es Schaden nehmen, und damit gefährden Sie generell Ihre Gesundheit.

Der Volksmund hat solche Herzstürme längst erkannt und dafür Ausdrücke gefunden.

Der Volksmund – Redewendungen

„Mein Herz schlägt mir bis zum Hals."

„Sich etwas zu Herzen nehmen."

„...schweren Herzens"

„Hör auf dein Herz."

„Herzliche Grüße"

„Mein Herz schlägt aufgeregt."

„Mein Herz bleibt stehen!"

„... aus dem Herzen sprechen."

„... sein Herz öffnen / ausgraben"

„Ein Stein vom Herzen fallen"

„Sein Herz ausschütten"

„Zwei Herzen schlagen in meiner Brust."

Auf der **mentalen Ebene** will Ihr Herz Ihnen mitteilen, dass es versucht, die Harmonie zwischen Gefühl und Handeln wiederherzustellen.

Auf der **körperlichen Ebene** will es die energetische Koordination zwischen den Systemen und Organen harmonisieren.

Auf der **spirituellen Ebene** will Ihr Herz Ihnen mit seiner Weisheit, Intuition und Liebe mitteilen, dass Sie innehalten sollen, weil Sie gerade dabei sind, sich selbst zu verlieren.

Den Kokon abstreifen

Ich habe in den langen Jahren meiner Forschung zur spirituellen Herzöffnung erfahren, dass Menschen irgendwann an einen Punkt kommen, an dem sie sagen: Es reicht. Es reicht, mir Energie rauben zu lassen. Es reicht, dass andere mir angebliche Unzulänglichkeiten vorwerfen. Es reicht mit der Traurigkeit in meinem Leben, weil diese nicht der Melodie entspricht, die ich mir wünsche. Mit dieser Entscheidung beginnt Ihre schöpferische Entdeckungsreise, Ihre Herztür öffnet sich wieder.

Als Heilerin kann ich Ihnen Momente beschreiben, in denen Rückenleiden verschwinden, Verspannungen sich von einer Sekunde zur anderen lösen, in denen Menschen plötzlich befreit lachen oder vor Rührung weinen, weil sie sich selbst wiedergefunden haben. Sie erkennen ihren Seelenplan wieder. Sie werden durchflutet von der Zuversicht, dass ihre Träume sich erfüllen, dass sie das Potenzial im Herzen tragen, alles zu erreichen, was für sie bedeutsam ist. Sie streifen ihre Traurigkeit ab wie ein Schmetterling den Kokon.

Quantenphysiker erklären diesen sekundenschnellen Wechsel der elektromagnetischen Energie mit dem Austausch der Atome im Körper. Denn mit den Atomen, die unseren Körper rund sieben Mal in der Sekunde durchdringen und wieder verlassen, nehmen wir Gefühle und Gedanken aus dem Quantenfeld auf und geben diese wieder an das Quantenfeld ab. Und so bleibt die Frage: Was ziehen wir aus diesem unendlichen, vitalen Feld aller Möglichkeiten eigentlich an?

Nach dem Modell der Quantenphysik gelangen nur jene Atome zu uns, die mit gleicher Information, also mit Gedanken und Gefühlen versehen sind, die unseren Körper zuvor verlassen haben. Wenn wir unsere Gedanken und Gefühle bewusst verändern, verändert sich auch die Information der Atome, die uns durchdringen. Wir senden eine andere Energiesignatur ins Universum! Und das Universum wiederum sendet uns diese positive, helle Energie wieder zurück. In diesem Austausch werden sich Ihre Gedanken und Gefühle manifestieren.

▶ Sie können mit einem einzigen Atemzug Ihr gesamtes Leben verändern. Senden Sie die freudigsten, liebevollsten, stärkendurchtränkten Gedanken und Gefühle, die Ihrem Herzen entspringen, in das Feld der Möglichkeiten und Sie erhalten Gleiches zurück. Das ist der Schlüssel für ein Leben in Fülle.

An dieser Stelle werde ich meist gefragt, ob ein einmaliges Betreten des Herzraums ausreiche, um alles zu erreichen, alles zu heilen. Nein, tut es nicht! Das erste Betreten ist lediglich die Initialzündung. Um wirklich die Sprache des Herzens zu verstehen, müssen dem ersten Schritt viele weitere folgen. Die Formel lautet: Üben, üben, üben. Allerdings hat dieses Üben wenig mit dem Pauken gemein. Vielmehr ist es ein freudiges Erwarten der nächsten Gelegenheit, sich wieder mit sich selbst zu verbinden. Denn Glück ist ein begehrter Stoff im Leben, und wer ihn einmal entdeckt hat, der will mehr davon erfassen. Aus neurobiologischer Sicht kann ich Ihnen jedoch versprechen: Nach sechs Wochen konsequentem Training haben Sie Ihre Prägung verändert. So lange nämlich benötigt Ihr Gehirn, um neue Impulse als Wahrheit zu erkennen und daraus ein Netzwerk zu knüpfen. Dann erlöschen die alten, schädlichen Verknüpfungen aus Angst und Zweifel, weil Sie mit drei Mal fünf Minuten Herzlächeln ein neues Muster gestalten.

Übung

Neue Energiefelder betreten

Finde deinen Herzrhythmus, der so einzigartig ist, wie du es bist. Kein anderes Herz auf dieser Welt schlägt in deinem Takt. Dein Herz ist verantwortlich für deine persönliche Lebensmelodie. Erkenne diese Melodie und wertschätze sie, lass sie bis in deine Zellen schwingen. Erreiche mit der nachfolgenden Herzmeditation jenen Gleichklang im Körper, der dich stark und zuversichtlich macht.

Das Herzgefühl aktivieren

Erinnere dich an Situationen, in denen du dich wirklich von Herzen **gefreut** hast. Das kann ein besonders schönes Erlebnis sein, ein Geschenk oder eine schöne Begegnung mit einem Menschen, das kann die Erinnerung an etwas sein, das dir aufgrund deiner besonderen Fähigkeiten gelungen ist. Hol dir dieses wertschätzende, helle Gefühl zurück, das du bei dieser Situation empfunden hast. Nimm dabei den harmonischen Klang im Körper wahr, der durch diese Erinnerung entsteht. Deine Gedanken werden hell mit dieser Erinnerung und dein Herz fühlt sich warm und leuchtend an. Spür die Freude.

In die Meditation gehen

Setze dich bequem, mit geradem Rücken auf einen Stuhl. Gerne kannst du die Lehne als Stütze nutzen.

Gehe mit der Aufmerksamkeit zu deinen Füßen. Spüre, wie die Fußsohlen flach auf dem Boden stehen. Der Boden trägt dich.

Gehe mit deiner Aufmerksamkeit zum Becken.

Spüre, ob sich das Becken für dich gut anfühlt. Nimm die Freiheit wahr, die das Becken im Raum hat.

Gehe mit deiner Aufmerksamkeit zu deinen Schultern.
Spüre, ob sich der Schultergürtel für dich gut anfühlt.
Nimm die Freiheit wahr, die deine Schultern im Raum haben.

Lege die Hände entspannt auf deine Oberschenkel.
Öffne die Handflächen nach oben.

Den Rhythmus des Herzens spüren

Schließe deine Augen und richte innerlich deine Aufmerksamkeit auf dein Herz. Lege eine Hand flach auf dein Herz. Spüre, wie deine Hand entspannt auf deinem Herzen ruht.

Genieße diese ganz persönliche Berührung und erlaube dir, dich weiter zu entspannen. Atme langsam und sanft, zähle beim Einatmen bis vier und beim Ausatmen bis sechs.

Verweile mit deiner Aufmerksamkeit in dieser Entspannung. So wie du atmest, so ist es gut.

Die schöne Erinnerung in den Herzraum einladen

Atme weiter in dein Herzzentrum ein und aus und erinnere dich nun an deine ausgewählte Erfahrung. Achte darauf, dass du mit deiner Aufmerksamkeit in deinem Herzzentrum bleibst und nicht gedanklich in den Kopf wanderst.

Nimm die ausgewählte Erfahrung mit dem Atem in dein Herzzentrum und atme ein und aus, ein und aus. Bleib mit deiner ganzen Aufmerksamkeit in deinem Herzzentrum, bis du das wunderbare warme Gefühl, das dir deine Erfahrung einst schenkte, wieder in deinem Herzen wahrnehmen kannst.

Sobald du dieses lichtvolle Herzgefühl wieder in deinem Herzen fühlst, atme es mitten in dein Herzzentrum ein und aus, lass diese Erfahrung dein Herz durchströmen.

Erlaube dir, dich immer weiter in dieses Herzgefühl zu versenken mit deinem ganzen Sein – spüre nun, wie das helle Herzgefühl deinen Geist und deinen Körper durchströmt, bis es jede Zelle in dir erreicht.

Nimm die Melodie in dir wahr, die getragen wird von Freude und Dankbarkeit, lass die Harmonie in dir schwingen. Das ist die Kohärenz, die Verbundenheit von Körper, Geist und Seele, dirigiert von deinem Herzen.

▶ Du wirst erleben, dass du nach wenigen Übungseinheiten diesen Gleichklang mit seinen wunderbaren Klangfarben spüren kannst, sobald du deine Aufmerksamkeit auf dein Herz lenkst und durch dein Herzzentrum ein- und ausatmest. Durch das gleichmäßige Atmen in Verbindung mit deinem Herzgefühl können sich Atmung und Herzfrequenz aneinander angleichen, und dadurch entsteht Harmonie zwischen Herz und Kopf sowie im ganzen Körper.

Während dieser fünfminütigen Übung, die ich drei Mal täglich empfehle, kann es passieren, dass dir dein Herz spontan einen Impuls, eine Antwort, eine Idee oder eine Inspiration schenkt. Notiere diese Empfindungen nach der Übung, sie sind Hinweise für deine Potenzialentfaltung.

Kapitel 3

Talent: Wie ein Diamant im Herzen

Haben Sie sich einmal überlegt, was einen Diamanten wertvoll macht? Es ist sein Feinschliff, sein Facettenreichtum, der Wert in Karat bemessen. Es ist die Brillanz, mit der er das Licht einfängt, es bricht und tausendfach zurückwirft.

Ein Diamant galt schon immer als Glücksbringer. Im Mittelalter glaubte man fest daran, wer ihn am Finger trage, dem könne kein Schicksalsschlag widerfahren, und bis heute bleibt er ein Symbol für Reichtum, Schönheit und für Stolz. Es mag sein, dass auch Sie, wenn Sie jetzt kurz die Augen schließen, von solch einem Schmuckstück träumen – das kann ich verstehen. Aber was wäre, wenn ich Ihnen nun verrate: Sie besitzen es bereits.

Ihr persönlicher Diamant liegt gut geborgen und geschützt in Ihrem Herzen. Im günstigen Falle haben Sie täglich an ihm geschliffen, haben wie ein Künstler an ihm gearbeitet. Dann wurde er zu einem Solitär, um dessentwillen Sie bestaunt werden, der Sie mit Freude durchdringt. Er ist wie ein funkelndes Bollwerk gegen Frust, Leid und Jammern, denn Ihr Diamant ist durch nichts und niemanden zu zerstören. Er trotzt Wind,

Nässe, Strahlen und chemischen Substanzen, selbst Krafteinwirkung übersteht er unbeschadet. Dieser Herzdiamant weist eine einzigartige Qualität auf: Breite, Winkel, Anzahl, Verteilung, Tiefe der Facetten, alles fügt sich perfekt ineinander, denn es ist Ihr Talent. Es sind Ihre besonderen Gaben, die Sie im Herzen tragen, die jede Zelle prägen. Ihr Talent wird niemals ein anderer kopieren können, es niemals in gleicher Perfektion ausleben können, wie Sie dazu in der Lage sind. Welch ein Geschenk! Und da mag es verwundern, warum wir nicht täglich darauf blicken und dankbar sind, warum wir vergessen, was uns reich macht. Damit beginnt das Jammern.

Jammern löscht das innere Leuchten aus

Einmal mit dem Jammern begonnen, vervielfältigt es sich wie von selbst in kürzester Zeit, denn mit dem Jammern verändert sich die Frequenz. Dann schwingt sie sich ein auf einen Mangelblick, auf ein Sich-Drehen im Leid, in Sorgen, in Krankheit, in schlechten Beziehungen und in fehlenden Freundschaften. Jammern ist der größte Feind des Talents.

Mit solchen traurigen Worten wie „Mir geht es schlecht, das war schon immer so und wird auch so bleiben" verschütten Sie Ihr Talent, Ihren inneren Solitär, mit Gefühlsschutt, bis er unsichtbar wird. Sie verlieren den Glauben an sich und an das, was Sie zu leisten fähig sind. So beginnt der fatale Kreislauf: Sie gehen in eine Opferhaltung, empfinden dieses traurige Spiel mit den Jahren als bequem, und am Ende steht der Satz zementiert: „Ich kann nichts dafür, ich kann nichts ändern."

Eine Opferrolle anzunehmen scheint einfacher zu sein als das Bearbeiten eines rohen Kristalls. Auf den ersten Blick muss man keine Verantwortung übernehmen, sich nicht rechtfertigen, keine Fehler eingestehen. Man wendet keine Zeit und Kraft für

Übungsstunden auf, sondern kann sich im Sessel zurücklehnen und denken, die Welt sei nun mal ungerecht. Job verloren, Frau weg, Bandscheibe vorgefallen, Schmerzen im Knie, Mobbing am Arbeitsplatz, das Konto bedrohlich überzogen, gute Freunde gibt es nicht. Man darf im Selbstmitleid zerfließen und es kann sogar sein, dass Sie anfangs in Ihrem Umfeld Trost und Verständnis erfahren. Aber bald schon werden Sie einsam. Die Menschen ziehen sich zurück, weil Sie sie überfordern mit stereotypen Sätzen wie: „Das passiert mir immer, das ist mein Schicksal." Oder: „Ich bin eben ein Versager, ein Pechvogel, einer, den niemand liebt." Solche Sätze vertreiben nicht nur die anderen, solche Sätze bilden auch Synapsen in Ihrem Gehirn. Es entsteht ein Netzwerk von destruktiven Einstellungen, und damit nehmen Sie eine Rolle an, mit der Sie weit unter Ihren Möglichkeiten bleiben. Schlimmer noch: Sie trainieren das Leiden. Dann verlangt das Gehirn stets nach neuen, abwertenden Sätzen, denn diese Sätze sind zur Signatur in den Zellen geworden. Dem einen Jammern folgt ein nächstes, der einen Krankheit folgt eine weitere, der ersten Niederlage folgt die zweite. Wie eine sich selbst erfüllende Prophezeiung tritt ein, wovor Sie sich fürchten, denn Sie bewegen sich in einem destruktiven Energiefeld.

Kein Leid steht vor dem Glück

Entgegen der weit verbreiteten Meinung, dass Menschen erst Leid erfahren müssen, bevor sie ihr Glück finden, habe ich immer wieder erlebt, dass dies nicht die Wahrheit ist. Niemand muss erst leiden, um sich zu entwickeln. Das sieht ein Lebensplan nicht vor. Ihr Herz will, dass es Ihnen gut geht, dass Sie sich von unstimmigen Umständen augenblicklich abwenden und in andere, in positive Energiefelder gehen, die Ihrer ursprünglichen Signatur entsprechen. Ich wünsche Ihnen, dass Sie Probleme nicht zerkauen, immer wieder durchsprechen und am Ende schlucken, weil Sie denken, es gebe aktuell keine Lösung.

Das ist vergeudete Zeit! Solange Sie sich mental mit Ihren Problemen auseinandersetzen, auch wenn Sie nach Lösungen suchen, stecken Sie in einem negativen Energiefeld fest. Loslassen von destruktiven Gedanken bedeutet: sie zur Seite zu schieben, nicht mehr über Lösungen zu sinnieren, nicht mehr regeln zu wollen, was Ihnen Kraft raubt. Der für mich einzige Weg aus einem leidvollen Zustand hinaus besteht in der Entschlusskraft, von einer Sekunde zur anderen die Frequenz zu ändern.

Abruptes Loslassen kann Angst verursachen, wenn das Leiden zu einem vertrauten Zustand geworden ist, wenn das Umfeld es akzeptiert und beachtet. Es kann sogar sein, dass Familie, Freunde, Kollegen in Ihrem Umfeld sich dagegen wehren, dass Sie Ihre Lebenssituation verlassen möchten und sich dem Schimmern des Lebens zuwenden. Wie viele Frauen bleiben genau aus diesem Grund in unsäglichen Beziehungen stecken, in denen Missachtung, Respektlosigkeit und auch Gewalt herrschen. Sie könnten gehen, aber sie tun es nicht. Sie haben sich an das Mitleid gewöhnt, das andere Menschen ihnen entgegenbringen, wenn sie jammern. Besser Mitleid, als gar kein Gefühl zu erhalten, mögen sie denken. Aber Achtung, was als Entlastung erscheint, ist in Wahrheit die Anziehung von neuem Leid. Man redet über das Unrecht, über den Schmerz, man atmet ihn aus mit Worten der Entrüstung oder der Resignation, und man zieht damit genau jenen Schmerz mit dem nächsten Atemzug wieder ein. Erinnern Sie sich? Was Sie aussenden, erhalten Sie zurück. Die Energie folgt der Aufmerksamkeit. Und da drängt sich die Frage auf: Warum richten Sie Ihre Aufmerksamkeit auf das Leiden und nicht auf das, was Sie wirklich erfüllt und begeistert, auf jenen Diamanten, der unter der zähen Schicht aus Sorgen liegt und nur darauf wartet, von Ihnen wieder gehoben zu werden?

▶ Erfolgreiche, zufriedene Menschen unterbrechen das Jammern bereits im Ansatz. Für mich ist das der entscheidende Unterschied: Wer Liebe, Gesundheit, Freundschaft und Karriere pflegt, der setzt ein Stoppschild vor negative Gedanken, der lässt nicht zu, dass sich neuronale Netzwerke des Jammerns und Leidens bilden.

Aus der Fülle schöpfen

Erfolgreiche Menschen erhalten sich ihre Begeisterung! Sie tun das, was sie lieben, und sie reden in einer herzerfrischenden Weise darüber. Erfolgreiche Menschen denken nie, ihr Schicksal sei vorherbestimmt und sie müssten sich ihrer aktuellen Lebenssituation fügen. Wenn etwas schiefläuft, dann zucken sie mit den Schultern, verzeihen sich den Fehler und brechen zu anderen Ufern auf. Sie halten stets ihre Zufriedenheit im Sinn und überlegen sich, was sie wirklich begeistert. Dann krempeln sie die Ärmel hoch und planen den Weg und glauben fest daran, dass sie ihr Ziel erreichen.

Kennen Sie solche Menschen? Die sind ungemein inspirierend und es ist ansteckend, die Freude in ihren Augen zu erkennen, wenn sie sagen: Ich will ein Buch schreiben, einen Marathon laufen, eine Firma gründen, ein Patent anmelden, einen Achttausender bezwingen, meinen Beitrag leisten, um die Welt zu retten. Auch Sie können sich jetzt überlegen, was Ihnen wichtig ist, und Sie dürfen sicher sein: Der Wunsch, der sich in Ihrem Herzen zeigt, der wird sich Ihnen erfüllen, weil im Herzen Ihr Talent wohnt und weil dieser Herzenswunsch bereits Ihre persönliche Prägung enthält.

Zum Glück werden die wissenschaftlichen Stimmen zunehmend laut, die uns davon erzählen, dass wir, wenn wir etwas aus Begeisterung tun, in die Chancen greifen und damit in den Erfolg. Die alte Formel, dass Talent einzig eine Sache der Gene sei, ist überholt. Es gibt nicht nur wenige Auserwählte, um Großes zu leisten. Jeder: Sie und ich und die anderen 7.533.046.985[4] Menschen und jeder weitere der 80 Millionen Jungen und Mädchen, die jährlich geboren werden, tragen ein individuelles Potenzial in sich. Wenn wir bei der Metapher des Talents bleiben, dann ist jedes Neugeborene ausgestattet mit einem reinen, kubisch kristallisierten Kohlenstoff, einer symmetrischen Bindung von Atomen, die sich zu einem Mineral fügt. So entsteht ein farbloser Feststoff mit absoluter Härte und von höchster Wärmeleitfähigkeit. Es ist Ihre Aufgabe, seine Schönheit hervorzuheben, ihm Farbe und Licht zu geben, indem Sie ihn immer wieder bearbeiten wie ein Künstler, mit Umsicht, Weitsicht, mit Stolz auf Ihr Werk, auf Ihren Diamanten. Sie dürfen die Lichtbrechung bestimmen, die Linienformen entwerfen. Sie dürfen diesem Diamanten eine Unverkennbarkeit geben, die sich nur zeigen kann, weil Sie mit Ihren Gedanken, Gefühlen, mit Ihrer Freude daran formen. Nicht umsonst gilt: Wer 10.000 Stunden seinem Talent widmet, der kann ein Virtuose werden. Ich halte diesen Fleiß und diese Bisskraft für unerlässlich, um seine Ziele zu erreichen. Kein Kristall wird zum Diamanten, wenn er nur in der Hand gehalten und beatmet wird. Nur das Heben der Augen in den Himmel und der Ruf ins Universum nach einem Talent bringt kein Echo. Erfolg und Zufriedenheit setzen eines voraus: dranbleiben, durchhalten, den Glauben an das Beste in Ihnen nie verlieren. Um wirklich aus der Fülle zu schöpfen, um authentisch und von einer hohen Energie gesegnet zu sein, führt der Weg über Ihr Talent. Bevor Sie diesen Weg betreten können, bedarf es einer einzigen Entscheidung, und die lautet:

- Schütteln Sie störende, hemmende Gedanken ab!
- Gehen Sie raus aus der Jammerhaltung!
- Fühlen Sie sich nicht als Opfer!

Was folgt, ist ein Training aus Stolz auf Ihre Talente, und das ist ebenso der Wille, sich dieses schöne Lebensgefühl, das im Herzen entsteht, zu erhalten. Es zu pflegen. Es zu schützen vor den Angriffen von außen und vor dem Rückfall in alte Muster. Denn die neurobiologische Auflösung der Vergangenheit braucht Zeit. Anfangs ist die Gefahr groß, wieder in die vertrauten Gedanken und Handlungen zurückzufallen. Nehmen Sie das wahr, aber lassen Sie sich nicht darauf ein. Lächeln Sie sich zu und sagen Sie: „Nicht mit mir" und gehen Sie in die Herzmeditation, um sich wieder mit der neuen, lichten Frequenz zu verbinden. Das geschieht nicht von heute auf morgen, auch das benötigt Übung. Deshalb halte ich wenig von NLP-Sätzen wie: „Ich bin erfolgreich." „Ich bin ein Sieger." Die sind einfach daher gesagt, aber die finden den Weg in Ihre Zellen nicht. Die verändern nicht Ihre Signatur. Sie müssen fühlen, nicht reden! Sie müssen die Frequenz wechseln, in eine andere Schwingung geraten und damit die Kohärenz bis in die tiefste Ebene Ihres Seins erweitern. Es geht darum, die Energie des Herzens zu nutzen, um eine komplett neue Version des Selbst, eine Heldenversion, zu kreieren. Darauf weisen zunehmend die Stimmen der Wissenschaft hin. Der Gehirnforscher Gerald Hüther schreibt: „Das Besondere an diesem Geheimnis des Gelingens besteht darin, dass man es nicht beschreiben oder erklären kann. Es muss sich, so altmodisch es klingt, offenbaren. Das heißt, dass es immer und überall da ist und wirksam wird, unabhängig von uns und unserem Zutun. Wenn es nicht so wäre, gäbe es weder unseren wundervollen Planeten noch das Leben in all seiner Vielfalt und Fülle, so wie es sich auf unserer Erde entwickelt hat." (Hüther 2013, S. 16)[5]

Sie sind geboren, um Freude, Liebe, Dankbarkeit zu erfahren, um mit Leichtigkeit durchs Leben zu gehen. Denken Sie daran. An jedem Tag, mit jeder Meditation, mit jedem einzelnen Atemzug können Sie die Jammerhaltung verlassen und sich Ihrem Talent zuwenden. Ihr Talent gibt Ihnen Selbstsicherheit, Selbstvertrauen, es lässt Sie in einer faszinierenden Weise strahlen. Sie gehen in diesem Moment, in dem Sie Ihr Talent wieder heben, in das Feld aller Chancen, denn dort, wo Ihr Talent Sie hinführt, dort blühen Sie auf.

Talentfinder

In meinen Seminaren höre ich oft den Einwand: „Ich habe gar kein Talent. Ich kann vieles ein bisschen, aber nichts kann ich wirklich gut." Wer mir so gegenübersteht, der hat meist einen traurigen Ausdruck. Die Schultern hängen ein wenig nach unten, die Mundwinkel auch. In den Augen gibt es keinen Glanz. Ich nehme diesen Einwand sehr ernst, weil ich weiß, wie Menschen sich danach sehnen, etwas Außergewöhnliches zu leisten. Wie also entdecken Menschen ihr Talent? Meist sind es die anderen, die Eltern, Lehrer, Freunde, die Chefin, der Kollege, denen auffällt, dass uns eine Aufgabe wie von selbst gelingt, dass wir sogar in einen Flow geraten und weit über das Gewöhnliche hinausgelangen. Das beeindruckt die anderen, aber man selbst findet die Aufgabe gar nicht schwierig, im Gegenteil, sie hat Freude bereitet. Das sind die Kriterien für Talent: das Staunen der anderen, das außergewöhnliche Ergebnis und die Freude am Gelingen.

Vielleicht hatten Sie als Kind niemals das Glück, von einem engagierten Lehrer unterrichtet zu werden, der fähig war, ein Talent zu erkennen und zu fördern. Vielleicht hatten Sie Eltern, die Lob nur für vollendete Leistung gewährten, statt liebevoll nach einem kleinen Hinweis auf eine Gabe zu suchen. Vielleicht erlebten Sie niemals diese Sternstunde der Kindheit, wenn ein warmes Gefühl vom Herzen aus sich in die Zellen verbreitet und ein Stolz den Körper flutet und nur ein Gedanke groß wird: ‚Ich bin etwas Besonderes'. Das ist schade, aber das ist kein Drama. Denn Ihr Talent kann in jedem Alter betrachtet und wertgeschätzt werden, es ist in Ihnen, wird niemals verschwinden, niemals zerstört, egal, in welchem Alter Sie es entdecken – das ist meine Interpretation von Talent. Sobald Sie im Herzen Demut und Dankbarkeit spüren für das, was Ihnen gelingt, halten Sie Ihren persönlichen Diamanten in der Hand. Generell gilt: Da, wo Ihre Begeisterung ist, da ist Ihr Talent.

Übung

Ein Solitär sein

Wenn dir nie jemand gesagt hat, in welchem Bereich du gut bist, dann solltest du dein eigener Talentfinder werden. Frage dein Herz.

Stell dir vor, es öffnet sich vor dir ein Feld mit allen Möglichkeiten, die es seit Beginn der Menschheit gab. All diese Möglichkeiten liegen vor dir wie ein bunt gewebter Teppich und du darfst entscheiden, welches Muster dir gefällt.

Lege beide Hände auf dein Herz.
Frage dich: „Was erfüllt mich wirklich mit Begeisterung?"

Atme diese Frage in dein Herz.

Was immer das Herz dir sagt, es ist dein Talent.

▶ Indem du dein Herz befragst, ignorierst du die Ansprüche der anderen, denn dein Herz lässt sich von fremden Meinungen nicht täuschen. Mit diesen Fragen an dein Herz:

„Was begeistert mich?"

„Was macht mir Freude und wann blühe ich auf?"

„Was fällt mir leicht?"

eröffnet sich dir der Zugang zu deinem Potenzial. Dort findest du den Diamanten, den zu schleifen du geboren bist.

Lichtvolle Energiefelder
weiten sich aus

Sobald Sie sich mit Ihrem Herzen verbinden, unterbrechen Sie die automatisierten Programme. Das heißt konkret: Sie halten Ihren inneren Kritiker im Zaum. Der nämlich will nichts Neues zulassen, will die alten Angewohnheiten erhalten, und sei es das Leiden und Jammern, denn dort hat er eine Stimme. Deshalb rechnen Sie damit, dass er laut wird, wenn Sie sich entschließen, ein Lichtfeld zu betreten. Er fürchtet, dass Sie ihn, einmal im Lichtfeld angekommen, als Ratgeber nicht mehr kontaktieren, ihn links liegen lassen auf Ihrem Weg zur inneren Zufriedenheit. Das ist der Grund, warum er Sie festhält in der aktuellen Situation, auch wenn diese kräftezehrend ist. Wenn Sie mir nun sagen, dieser Kritiker habe Macht über Sie, dann verrate ich Ihnen einen Trick: Sie bringen diesen unleidlichen Genossen am ehesten mit Humor zum Schweigen.

Humor nimmt die Dramatik aus dem Spiel, er färbt jede Situation in Pastell. Scharfe und grelle Farben, auch ein Denken in Schwarzweiß, werden durch Humor gemildert, denn er zeichnet die Welt weich, legt einen Filter über die Geschehnisse. Humor bedeutet zu lachen. Über Situationen, Schwächen, über das Ego, das eitel ist und unversöhnlich, über manchen Fettnapf, in den Sie stapfen, und auch über ein Stolpern auf dem Weg zum Erfolg. Lachen Sie über Ihre Sorgen, und die Sorgen verlieren die Wucht. Erklären Sie Fehler zu Anekdoten, und die Fehler werden zu einer Bereicherung. Lachen erzeugt augenblicklich einen kohärenten Zustand, denn Ihr Lachen kommt aus dem Herzen, es bringt Sie der Selbstliebe näher.

Wahrscheinlich werden Sie zunächst säckeweise den Schutt der Vergangenheit entsorgen müssen, um endlich ein Lichtfeld zu betreten. Das geht vielen Menschen so. Ihnen ist auf dem Lebensweg die Leichtigkeit abhandengekommen. Sie haben sich überstrapaziert, überbelastet. Sie haben auch an den entscheidenden Abbiegungen auf Ihr Ego gehört – und nicht auf Ihr Herz. Dann hat das Ego geflüstert, dass Lohn nur der erfährt, der hart arbeitet und dabei leidet. Nein! Halten Sie dagegen. Ihr Ego ist mit Ihren hinderlichen Glaubenssätzen eng verbunden. Und vor allem: Es giert nach Akzeptanz im Außen. Das ist nicht per se schlecht. Im Beruf ist es sogar gut, wenn Sie die Maske des Egos zur Schau tragen, wenn Sie die anderen nicht bis in Ihr Herz blicken lassen. Eine gewisse Sturheit und Eitelkeit als Schutzfunktion ist sinnvoll. Nur wenn es um das Eintauchen in Ihr Potenzial geht, um das feine Schleifen an Ihrem Talent, dann sollte Ihr Ego mit seiner kopflastigen Stimme schweigen.

Mit der Zeit, das werden Sie merken, gewinnen Sie durch die Herzmeditation zunehmend Einfluss auf Ihr Ego. Sie erweitern damit Ihren Spielraum. Weil Sie selbst entscheiden, wann Sie sich pur zeigen und wann Sie eine Rolle spielen. Weil Sie liebevoll auf sich blicken und auch Ihre Schwächen akzeptieren. Weil Sie Ihr Talent nicht mehr verschleudern an Menschen, die es nicht zu schätzen wissen. Weil Sie sich Ihrer Stärken bewusst bleiben und sich in Selbstliebe üben. Sie richten mehr und mehr Ihren Fokus auf das Hier und Jetzt. Sie sind in diesem Moment bereit, eine bessere, selbstbestimmtere Zukunft zu kreieren.

Ich finde diese Vorstellung wunderbar, weil sie jegliche Begrenzung ad absurdum führt. Sie stellt auch die epigenetische Annahme in Frage, dass Menschen aus Armut und Chancenlosigkeit, aus Pech und schlechten Voraussetzungen keinen Ausweg finden. Die alte Mär: Wer in schlechte, nicht förderliche Verhältnisse hineingeboren wurde, der wird es aus eigener Kraft nicht zu einem gelingenden Leben bringen, die zählt nicht mehr. Das Universum lässt solche einschränkenden Glaubenssätze nicht zu! Es sei denn, der Mensch selbst betet sie täglich herunter und hält an dieser Destruktion fest. Dann verbinden sich die negativen Energieteilchen tatsächlich zu einer Schicht aus Leid, und die legt sich über das Herz. Diese Schicht drückt fortan auf die intelligenten neuronalen Herzzellen, dämpft die

Gefühle. Aber in dem Augenblick, in dem der Mensch entscheidet, die Kruste der epigenetischen Mitgift zu sprengen, öffnet sich die Herztür. Eine neue Realität kann entstehen. Gesundheit, liebevolle Beziehungen, ein Geldberuf, all das wird möglich, wenn das Herz die Orchestrierung für das Leben übernimmt, einen anderen Takt anschlägt, als bislang angenommen.

➤ Die Vorstellung von einem guten Leben, durchdrungen von Gefühlen von Freude und Dankbarkeit, als sei dieses Leben bereits Realität, reicht aus, um die Wende herbeizuführen. Die erhöhte Herzemotion wird dann stärker als alle bislang erfahrenen hinderlichen Sätze und Blockaden, auch stärker als die bereits im Mutterleib erfahrenen Einschränkungen, weil auch die Mutter litt und jammerte und diese Mixtur auf ihr ungeborenes Kind übertrug.

Die lichtvollen Felder stehen jedem Menschen offen, der positive Herzenergie ein- und ausatmet. Es ist völlig stressfrei, dorthin zu gelangen. In dem lichten Energiefeld fragt niemand nach Alter, Herkunft oder Bildung. Die Vergangenheit ist ohne Relevanz, nur das Hier und Jetzt zählt und der Entschluss, seinen persönlichen Diamanten in den Händen zu halten und mit diesem Talent sich selbst ein gutes Leben zu eröffnen und darüber hinaus einen Beitrag zum Wohl auch der anderen Menschen zu leisten. Anzunehmen, was in diesem Moment ist, egal wie desolat sich dieser Moment zeigt. Abzustellen, was Sie bislang als überflüssiges Gepäck durch den Alltag trugen. Einzuatmen, was Sie jetzt, in diesem Moment, vom Leben erhoffen. Das sind die ersten Schritte in ein höheres Lichtfeld.

Betrachten Sie also Ihren Problemrucksack – und stellen Sie ihn endlich ab. Er wiegt zu schwer auf Ihren Schultern. Lassen Sie Ihre Überzeugungen, Prägungen, Ihr vermeintliches Schicksal hinter sich, gehen Sie leichten Schrittes weiter. Unabhängig davon, wie traumatisch Ihre Vergangenheit war, Sie können sich lösen. Sie haben das Recht dazu, Freude und Leichtigkeit zu erleben, über die Strahlkraft Ihres Talentes zu staunen. Ihr Herz sehnt sich danach, dass Sie im Überschwang jubeln, und zwar so laut und voller Überzeugung, dass die inneren und äußeren Kritiker endlich verstummen und Sie sich spüren, wie Sie sind: als Sonnenkind mit allen Chancen, das seiner Biografie einen anderen Spannungsbogen geben kann.

Übung

Herzmeditation zur Potenzialentfaltung

Bevor du in die Herzmeditation gehst, sprich die folgende Frage laut aus:

„Was macht mir wirklich Freude?"

In die Meditation gehen

Setze dich bequem, mit geradem Rücken auf einen Stuhl. Gerne kannst du die Lehne als Stütze nutzen.

Gehe mit der Aufmerksamkeit zu deinen Füßen. Spüre, wie die Fußsohlen flach auf dem Boden stehen.

Der Boden trägt dich.

Gehe mit deiner Aufmerksamkeit zum Becken.

Spüre, ob sich das Becken für dich gut anfühlt. Nimm die Freiheit wahr, die das Becken im Raum hat.

Gehe mit deiner Aufmerksamkeit zu deinen Schultern. Spüre, ob sich der Schultergürtel für dich gut anfühlt. Nimm die Freiheit wahr, die deine Schultern im Raum haben.

Lege die Hände entspannt auf deine Oberschenkel. Öffne die Handflächen nach oben.

Den Rhythmus des Herzens spüren

Schließe deine Augen und richte innerlich deine Aufmerksamkeit auf dein Herz. Lege eine Hand flach auf dein Herz. Spüre, wie deine Hand entspannt auf deinem Herzen ruht.

Genieße diese ganz persönliche Berührung und erlaube dir, dich weiter zu entspannen. Atme langsam und sanft, zähle beim Einatmen bis vier und beim Ausatmen bis sechs.

Verweile mit deiner Aufmerksamkeit in dieser Entspannung. So wie du atmest, so ist es gut.

Das Talent im Herzraum entdecken

Atme weiter in dein Herzzentrum ein und aus. Finde deinen ganz individuellen Rhythmus.

Stelle dir das Wort *FREUDE* vor deinem inneren Auge vor und nimm das Wort, die Buchstaben, mit in dein Herzzentrum.

Atme nun entspannt und leicht das Wort *FREUDE* in deinem Herzraum ein und aus. Achte darauf, dass du mit deiner Aufmerksamkeit in deinem Herzzentrum bleibst und nicht gedanklich in den Kopf wanderst. Atme weiter.

Nimm das freudige, helle Gefühl wahr. Lass das Gefühl von Freude deinen Herzraum durchströmen und sich von dort im gesamten Körper ausbreiten.

Verweile mit deiner Aufmerksamkeit in deinem Herzzentrum bei deinem freudigen Herzgefühl, in das du weiter ein- und ausatmest.

Wenn du vollständig von Freude durchströmt bist, stelle deinem Herzen folgende Frage:

„Was macht mir wirklich Freude?"

Lass die Frage in deinem Herzensraum erklingen.

Atme mit einem inneren Lächeln weiter durch diese Frage in dein Herzzentrum ein und aus.

Lausche, was dein Herz dir antwortet. Nicht der erste Impuls ist entscheidend, er ist nur eine Wolke, die vorüberzieht.

Was zählt, ist die Antwort, die durchwebt ist von dem hellen, intensiven Gefühl der Freude.

▶ Das Herz spricht in mehreren Sprachen zu dir. Es wählt Bilder, Worte, Intuitionen, Gefühle. Es können Fragmente, Collagen, bewegte Bilder, Klänge, Düfte oder Geschmäcker in dir aufsteigen. Es kann sein, dass die Antworten des Herzens anfangs unscharf sind. Nimm das wahr. Erzwinge nichts, werte nichts. Das Herz hat seinen eigenen Rhythmus, akzeptiere es und füge die Antworten wie ein Puzzle zu deinem Talent zusammen. Lege ein Notizbuch nach jeder Übungseinheit an, damit auch der kleinste Hinweis nicht verloren geht.

Ich verspreche dir, wenn du diese Talentmeditation wöchentlich praktizierst, treten die Facetten deines Talents kraftvoll und leuchtend hervor. Und zwischen den Übungen: Sei aufmerksam für das, was dich begeistert!

Literatur Kapitel 3

4 Quelle: https://www.umrechnung.org/weltbevoelkerung-aktuelle-momentane/weltbevoelkerungs-zaehler.htm (Stand 24.09.2018, 11.34 h)

5 Hüther, Gerald: „Was wir sind und was wir sein könnten". München: Fischer, 2013.

Kapitel 4

Den Herz-Ratgeber fragen

Sicherlich kennen Sie das: Sie drehen sich nachts im Bett, übermüdet vom Tag, landen in Gedankenschleifen. Sie finden keine Gelassenheit und erst recht keinen erholsamen Schlaf. Genervt von der inneren Unruhe stehen Sie nach Mitternacht wieder auf, wandern durch die Wohnung, versuchen sich mit einem Tee zu beruhigen. Aber kaum liegen Sie wieder in den Kissen, springen Ihnen die Sorgen unvermindert entgegen, die Bilder werden von vorne abgespult. Ihr Herz reagiert mit einem erhöhten Schlag. Sie fangen an zu schwitzen. Stress baut sich auf. Wieder laufen Sie durch die Räume, als würden Sie versuchen, vor sich selbst zu flüchten. Nur wohin und was sollte das bringen? Sie brauchen Lösungen und keine Flucht, sagen Sie sich und versuchen, einen Atemrhythmus zu finden, der Ihr beschleunigtes Herz beruhigt.

Schlaflosigkeit ist ein Symptom von Stress und nach einer aktuellen Studie der DAK[6] leidet jeder zehnte Berufstätige unter schlechter Schlafqualität, Tagesmüdigkeit und Erschöpfung. Diese Tatsache alarmiert. Denn aus Schlaflosigkeit in der Nacht entwickelt sich eine depressive Verstimmung am Tag, und sollte dieser Zustand anhalten, dann summieren sich zu dem seelischen Tief auch Magen-Darm-Beschwerden, Migräne, Gelenkschmerzen und Infekte. Auf der spirituellen Ebene führt Schlaflosigkeit zu einer Barriere vor den lichtvollen Energiefeldern. Damit schneidet der Mensch sich die Möglichkeit ab, an die Lichtfelder anzudocken. Er gleitet mehr und mehr in den Bereich der Abwehr und des Kampfes ab und dort ist kein Wachstum möglich.

Stress, Druck, Ängste sind oftmals der Beginn eines langen Leidensweges, an dessen Ende die Einnahme von Medikamenten oder lange Therapien stehen. Die Deutsche Gesellschaft für Schlafforschung und Schlafmedizin rät: „Jeden Tag um dieselbe Zeit aufstehen, nur schlafen gehen, wenn man wirklich müde ist, regelmäßig Sport treiben, vor dem Zubettgehen keinen Kaffee, keinen Alkohol und keine Zigarette mehr und den Mittagsschlaf vermeiden."[7] Für mich stellen diese Tipps lediglich eine Anleitung zur Schlafhygiene dar. Sie mögen die Rahmenbedingungen für Schlaf begünstigen, mögen im Außen reinigend wirken, aber sie berücksichtigen den Kern des Stresses nicht. Der besteht für mich in einem Mangel an Energie und in den nicht mehr aktivierten Lichtgefühlen.

Stress entsteht im Herzen

Stress entsteht im Herzen und das Gehirn reagiert prompt: „Wo gibt es Erfahrungen mit dieser Situation?", fragt es sich und scannt die Bereiche Wissen und Logik ab. Und bis es eine passende Antwort gefunden hat, hält es vorsichtshalber die Cortisolproduktion auf hohem Niveau, befeuert das Herz mit Stresshormonen. Denn diese bewirken eine erhöhte Aufmerksamkeit, einen Leistungsschub, und falls erforderlich ermöglichen sie die Flucht. Folgendes also geschieht: Das Herz reagiert auf dieses Alarmsignal. Es entzieht dem Darm das Blut, pumpt es vermehrt in Arme und Beine. Der Blutdruck steigt, Sauerstoff und Blutzucker ebenso, denn das Drehen in Problemen und Ängsten erfordert zusätzliche Energie. Dieses Schutzprogramm ist hilfreich, wenn Lebensgefahr droht oder wenn eine kurzfristige Aktivierung aller Ressourcen verlangt wird. Dann ruft die Amygdala: „Achtung: Angstmodus! Achtung: Druck, Sorge, Probleme, Zeitverzug!" Und Sie sind bereit, mit allen Kräften zu reagieren! Was in lebensgefährlichen Situationen sinnvoll ist, ist auf Dauer jedoch Gift für den Körper. Stress verändert die neuronale Chemie. Er setzt den Stimmungsausgleicher Serotonin herab, er vermindert die Glückshormone. Was am Ende übrig bleibt, sind Gedanken der Erschöpfung: „Ich schaffe es nicht, ich kann nicht mehr." Irgendwann wird dieser Satz „Ich schaffe es nicht, ich kann nicht mehr" zur persönlichen Wahrheit. Das ist das Stadium einer Selbstaufgabe, wir nennen diesen Zustand Burnout.

Und damit komme ich zurück auf die Schlafhygiene. Sie mag ein wichtiger Faktor für das allgemeine Wohlbefinden sein, aber sie ist nicht die Stellschraube, um die Ursache von Stress zu bekämpfen. Ein stressfreies Leben baut sich nicht mit dem Verzicht auf eine Zigarette am Abend auf oder mit dem Sport an jedem Donnerstagabend. Wenn sich die Rechnungen stapeln oder wenn Ihre Ehe gerade in die Brüche geht oder wenn Ihr Rücken derart schmerzt, dass Sie weder stehen noch sitzen können, dann benötigen Sie eine weitaus effektivere Strategie. Sie ist von einer Spiritualität getragen, die Ihren Gefühlshaushalt wieder zurechtrückt und Ihnen den Sinn für Ihr kostbares Leben zurückgibt.

▶ Legen Sie in Stressmomenten eine Hand auf den Brustkorb, atmen Sie in Ihr Herz hinein. Vertrauen Sie darauf, dass Ihr Herz die Verbindung zum weiten Feld der Möglichkeiten herstellt und dass das Universum Ihnen antworten wird. Schon allein dieser Gedanke wird Sie augenblicklich trösten, wird Sie aus Grübelschleifen befreien.

Nicht jedes Problem lösen!

Stress entsteht, wenn Sie sich im Mangel bewegen: Es mangelt Ihnen an Zeit, an Wissen, an Gesundheit und Energie. Es mangelt Ihnen an der Vorstellungskraft, dass Ihre inneren sehnsuchtsvollen Bilder sich mit der Wirklichkeit verbinden könnten. In den großen Themen Partnerschaft, Job, finanzielle Sicherheit und Gesundheit empfinden Sie Lücken, und nach allen Regeln eines gelingenden Lebens erzeugt das in Ihnen Stress. Es mag sein, dass Sie Ihre Situation durch Glaubenssätze wie „Das wird nie gut gehen", „Ich muss die Kontrolle behalten", „Ich strenge mich an, aber habe keinen Erfolg" zusätzlich bewerten. Sätze wie diese sind wie Kerosin für Ihre Traurigkeit und katapultieren Sie in Höchstgeschwindigkeit weiter in Ihr Mangelschicksal. Bitte bedenken Sie: Einen Zustand, den Sie über längere Zeit festhalten, wird zu Ihrer Energiesignatur. Menschen im Dauerstress, erschöpft und ertrunken im Mangel, sind am Ende sogar bereit, ihre Werte über Bord zu werfen, sie sind bereit, sich selbst aufzugeben, nur um Ruhe zu spüren. Aber der Stress lässt nicht nach, die Sorgen werden größer, je mehr die Kräfte schwinden, denn der Mensch im Stress steht auf einem dunklen Energiefeld, er hat seine Orientierung verloren. Er leidet. Er ist nicht mehr fähig, sein Herz und seinen Geist mit Freude, Wertschätzung und Dankbarkeit zu nähren.

Was wir gemeinhin mit Burnout bezeichnen, ist eine üble Form einer schleichenden Inkohärenz. Auf körperlicher und mentaler Ebene quält die Erschöpfung und auf spiritueller Ebene gibt es kein Leuchten mehr. Alles taumelt, alles zerbricht, jede Hoffnung auf ein gutes Leben stirbt in dieser Phase. „Es hat alles keinen Sinn, ich gebe auf", lautet dann der Schlusssatz unter dem Drama.

▶ Hören Sie damit auf! Unterbrechen Sie das Mäandern dieser Sätze, die Ihre Selbstliebe schwächen und Sie von Ihrem Potenzial fernhalten.

Schlagen Sie mit der flachen Hand auf den Tisch und rufen Sie laut: „Stopp. Stress schädigt mein Herz!"

Das ist der erste Schritt aus der Gefahrenzone, den der wahre Held in Ihnen setzt.

Mit dem Entschluss, sich nicht länger im Problem zu drehen, lassen Sie das Problem einfach stehen. Sie lösen es nicht. Sie wenden sich ab. Sie dürfen belastende Dinge zur Seite schieben! Es sei denn, Ihr Haus brennt gerade ab oder einer Ihrer Liebsten befindet sich in Lebensgefahr. Dann ist der Adrenalinschub sinnvoll, dann müssen Sie fliehen oder angreifen. Alles andere aber dürfen Sie für diesen Moment abschütteln. Halten Sie den Impuls, den Ihr Gehirn zum Handeln sendet, einfach aus, ohne zu reagieren. Atmen Sie ruhig in den beschleunigten Herzschlag. Er geht vorbei, und zwar umso schneller, je eher Sie einen Schritt zur Seite treten und sich einmal wertfrei selbst beobachten. Was sehen Sie? Eine Frau, die jammert und sich fragt: „Womit habe ich dieses Pech im Leben verdient?" Einen Mann, der gegen Chef, Kollegen, gegen alles und jeden anrennt, um zu beweisen, dass er ein Experte in seinem Metier ist? Sehen Sie genau hin. Gefällt Ihnen dieser Mensch, so wie er sitzt und spricht und sich über die Umstände beschwert oder in seinem Ehrgeiz die leisen, erfüllenden Augenblicke im Alltag vergisst? Seine Körperhaltung ist gebeugt, sein Atem kurz, auf seiner Stirn sehen Sie steile Sorgenfalten. Und die Augen? Die glänzen nicht, sind überzogen von einer Art Traurigkeit, die ausdrückt: „Es geht mir nicht gut, ich halte zwar irgendwie durch, irgendwie geht es weiter." So klingt keine Lebensfreude, so klingt Stress. In dieser Stimmung kann Ihr Herz nicht harmonisch schwingen.

Zwischen Chaos und Ordnung: die Herzraten-Variabilität

Aus der Wissenschaft der Chronobiologie wissen wir, dass das Herz das Orchestrieren aller Körpersysteme übernimmt. Es gibt den Takt für die Atmung, die Muskel- und Organarbeit, für den Stoffwechsel, für die Zellteilung vor. Dieser Takt ist übrigens nicht gleichmäßig, er weist Verzögerungen im Mikrosekundenbereich auf. Ihr Herz kann sogar einen kleinen Misston verzeihen, wenn Sie kurzfristig ärgerlich werden oder wenn Sie sich körperlich anstrengen. Aber das Herz ist nicht gemacht, um ein Dauerrasen und Dauerstolpern zu ertragen. Dann wird das Herz überfordert, verhärtet, es wird krank, weil es den inneren Konflikt zwischen Sympathikus und Parasympathikus nicht zu schlichten vermag: Der Sympathikus will Leistung, Abwehr oder Flucht, und der Parasympathikus will Ruhe und Entspannung. Diese Kräfte, die im Stress heftig gegeneinander wirken, werden angekurbelt durch negative Gefühle wie Wut, Angst, Traurigkeit. Das Herz schwingt unkontrolliert und damit entsteht eine chaotische Herzraten-Variabilität. Missklang in den Systemen, Energieverlust, Chaos im Herzschlag, Organ- und Stoffwechselstörung, Dissonanzen zwischen Herz und Gehirn – also Inkohärenz sind die Folge.

Das geschieht häufig bei:

1. einer zu hohen Herausforderung in Beruf und Privatleben

2. akuten Schmerzen und Krankheit

3. Schlafmangel, Übermüdung, Grübeln

4. ungesunder Ernährung, Alkohol und Nikotin

5. Depression, Traurigkeit, Zweifel, Druck, Ängsten und anderen dunklen Gefühlen.

Negative Emotionen sind wie Junkfood für das Herz. Sie rauben Energie und verursachen ein körperliches Chaos. Irgendwann laugen diese negativen Gefühle den Menschen aus, und zurück bleibt ein krankes, sorgenvolles Leben, das anders laufen könnte, würde man ihm mehr Fürsorge entgegenbringen und würde man die hellen Emotionen trainieren. Schon fünf Minuten bewusstes Fühlen einer angenehmen Emotion wie Wertschätzung wirkt sich positiv auf Ihre Herzraten-Variabilität aus. Das hat das HeartMath Institute in einer Studie herausgefunden[8]. Das Institut forscht dazu seit über 20 Jahren und betont in seinen Publikationen, dass die stabile Herzraten-Variabilität „ein optimierter Zustand ist, in dem Herz, Geist und Emotionen geordnet und im Gleichklang sind. Auf Körperebene agieren Immun-, Hormon- und Nervensystem in einem Zustand energetischer Koordination."

Emotionen – Herzrhythmus

Emotionen werden im Herzrhythmus wiedergespiegelt

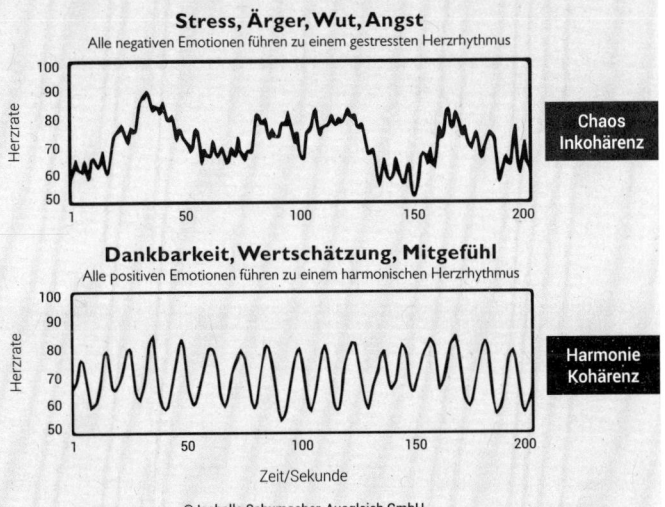

© Isabelle Schumacher, Ausgleich GmbH

Übung

Drei Schritte, um vom Stressmodus in die erhöhte Herzemotion zu gelangen

Drei Schritte zurück zum entspannten Herzschlag:

1. Berühre dein Herz mit den Fingern oder der Hand, so wie die Berührung sich für dich gut anfühlt.
   Richte die Aufmerksamkeit vom Kopf auf die Berührung und damit auf dein Herz.

2. Verlangsame deinen Atem, finde deinen Rhythmus.
   Vier Sekunden einatmen, sechs Sekunden oder mehr ausatmen.
   Forciere den Atem nicht; so wie er fließt, so ist es gut.
   Sage dir: „Ich bin an einem sicheren Ort. Ich bin in meinem Herzen."

3. Fühle die Berührung der Finger oder der Hand auf deinem Herzen.
   Fühle die Wärme, die entsteht.
   Fühle die Atmung in deinem Rhythmus, vier Sekunden einatmen, fünf Sekunden ausatmen.
   Fühle Wertschätzung und Dankbarkeit für dein Herz, das dir Sicherheit und Heimat gibt.
   Atme das Lichtgefühl aus Wertschätzung und Dankbarkeit ein und aus, spüre die goldene Wärme dort, wo deine Hand dein Herz berührt.

▶ Einmal im lichten inneren Raum angekommen, darfst du dein Herz um Wachstum bitten, darfst es um eine Lösung fragen, die dich von Stress, Krankheit, von Mangel und schlechter Energie befreit. Denn es ist dein bester Ratgeber, deine Quelle für Glück. Es zeigt dir Lösungen auf, die mehrdimensional sind und daher über jegliches Wissen und jegliche Logik weit hinausreichen.

Fragen an das Herz

Das „Herzhirn", das aus 40.000 auf Gefühl und Rhythmus spezialisierten Nervenzellen besteht, speichert die guten Gefühle, die positiven Prägungen. Ihr Herz hat nur eines im Sinn: Es will Ihr Potenzial entfalten, es will Ihr Glück, und wenn dieses Glück außerhalb unseres Planeten liegt, in den Weiten des Universums, dann wird es bis dorthin seine Energie senden, um anzuziehen, was für Sie stimmig ist.

Welch wunderbare Vorstellung! Sie führt unwillkürlich zu der Frage, warum wir nicht ständig das Herzhirn bemühen, um uns mit seinem Rat aus manchem Dilemma zu befreien. Ich weiß es nicht! Es mag an unserer vernunftorientierten Gesellschaft liegen, in der Fakten mehr zählen als Intuition. Aber ganz allmählich gelangt man zu der Einsicht, dass Daten und Fakten nur Momentaufnahmen im großen Bogen der Zeit sind – sie können morgen bereits überholt oder widerlegt sein und zurück bleibt dann die Unsicherheit. Das Herz aber bewertet nicht, verurteilt nicht, es zieht das Mögliche in Betracht, bleibt zuversichtlich, was immer geschieht. Und es mag sein, dass sich dieses Wunder allmählich herumspricht, dass auch die Bedenkenträger sich langsam ihrem Herzen zuwenden. Auch für sie schreibe ich mein Buch.

Schamanen, Yogis und bis heute indigene Völker fragen ihr Herz, wenn sie einen Rat ersehnen. Sie landen nicht im Stress und nicht in der Verzweiflung, wenn sich Zustände nicht nach ihrem Wohlgefallen fügen. Sie sehen hin, warten ab, nehmen eine neutrale Haltung ein, um dann in ihren Herzraum zu gehen und zu spüren, was dort geschieht. Damit umgeben sie sich mit lichten Gefühlen, tauchen in ihre Intuition ein. Sie bleiben offen für jede Lösung, weil sie nicht verurteilen und nicht vorschnell handeln. Es kann sein, dass sie in sich selbst überraschende Lösungen finden, dass spontane Heilung oder eine Schicksalsänderung geschieht. Davon berichten zahlreiche authentische Geschichten. Ich bin überzeugt, dass nicht das Reden über Stress, nicht der Rat eines Fremden, nicht das immerwährende Zerkauen der Probleme zu einem zufriedenen Leben führt. Kein Ehepartner, Freund, kein Kollege oder Therapeut kann Sie in Ihr Herz führen, nur Sie alleine kennen den Weg. Deshalb halte ich nicht viel von fremden Ratschlägen. Ich will gar so weit gehen, dass ich Ihnen empfehle, diese nicht zu befolgen, sondern stattdessen Ihr Herz nach der oben genannten Drei-Schritt-Anleitung zu befragen. Das mag auf den ersten Blick ungewohnt erscheinen, vielleicht kommt es Ihnen selbstzentriert vor – das ist es auch. Sie müssen in schwierigen Situationen Ihre Mitte wiederfinden und damit Ihren eigenen Rhythmus, und der ist so individuell wie Sie selbst! Ein anderer Mensch kann Ihre Individualität niemals vollständig erfassen. Er interpretiert Ihre Sorgen nach seinen Denkmustern, denn seine Prägungen, Erfahrungen und Werte differieren von Ihren. Er würde Ihrem Stress nur weitere Facetten hinzufügen. Und das Ergebnis? Sie drehten sich weiter im Stress, sie suchten nach Gründen und Rechtfertigungen. Besser ist es, innezuhalten, aus dem Problemfeld herauszutreten. Drehen Sie bewusst die Schulter zur Seite, blicken Sie in eine andere Richtung.

Wenn Sie mich nun fragen, an wen oder was Sie sich wenden können, wenn über Ihnen die Sorgendecke zusammenzubrechen scheint, dann lächele ich Ihnen zu – und schweige. Denn ich erteile keine Ratschläge. Ich will Ihnen lediglich ein Impulsgeber sein, will Ihnen Übungen bieten, die ich in meiner langjährigen Arbeit als Herzöffnerin entdeckt habe und in meinen Seminaren weitergebe.

Der Tanz des Herzens

Ich erinnere mich an Sandra, eine Frau von 45 Jahren. Sandra war unglücklich. Sie lebte im Mangel. Ihre langjährige Ehe war dabei zu scheitern, um finanzielle Unabhängigkeit hatte sie sich nie bemüht, und als wäre das nicht genug, litt sie unter starken

Rückenschmerzen. Als Sandra sich entschloss, mein Seminar zu besuchen, war ihr Leben eine einzige große Baustelle. Die Lebenssäulen Beziehung, Beruf und Geld sowie Gesundheit waren zusammengebrochen. Sandra stand am Abgrund. Am ersten Seminartag mied sie den Kontakt mit den anderen Teilnehmern. Zwar absolvierte sie die Übungen, aber ein Feedback gab sie nicht, sie wirkte vom Scheitel bis zur Sohle wie ein sehr trauriger Mensch. Da gab es kein Strahlen in ihren Augen, keine Kraft in ihren Bewegungen. Es war, als würde sie weder von diesem Tag noch von allen zukünftigen Tagen etwas erwarten. Sie ertrug das Leben, aber sie gestaltete es nicht.

Das sollte sich ändern. Am zweiten Tag sollte ich eine Sandra erleben, die strahlte, als sei sie in einen Glückstopf gefallen. Ich leitete eine Meditation an, um das Herz nach einem aktuellen Thema und einer intuitiven Lösung zu befragen. Manchmal sendet das Herz während dieser Übung nur einen Impuls, manchmal eine Klarheit. Niemand kann vorhersagen, ob das Herz mit Bildern, Farben, Worten antwortet. Auch an diesem Tag gaben sich die Seminarteilnehmer ihrem Atem und ihrem Herzschlag hin, sie empfanden die wohltuende Wärme im Herzen, die sich während dieser Übung im gesamten Körper ausbreitete. Ich hielt mich im Hintergrund auf und freute mich auf die strahlenden Augen, wenn die Teilnehmer von ihren Erlebnissen erzählen würden.

Mein Blick wanderte zu Sandra. Sie saß vollkommen versunken auf dem Stuhl, schien der Wirklichkeit entrückt. Als wäre sie physisch im Raum, aber emotional in einer anderen Sphäre. Und als sie die Augen öffnete, da atmete sie voller Inbrunst aus, sie leuchtete von Kopf bis Fuß und ich dachte: „Wow, was für eine schöne Frau." Ich erfasste schnell, dass hier etwas Außergewöhnliches geschehen war, und fragte, wie sie sich fühle. Sandra lachte, dann strich sie sich mit den Händen über den Rücken, immer wieder rauf und runter, und dann sprang sie auf und tanzte durch den Raum. Wir waren überrascht und sahen ihr zu, manche Teilnehmer klatschten, denn ihr Lachen und Tanzen wirkten ungemein ansteckend. Es war eine großartige Energie im Raum. Sandra rief uns zu: „Der Schmerz ist weg! Ich habe keine Schmerzen mehr." Und sie erzählte unter Tränen, dass sie seit 25 Jahren an Rückenschmerzen leide, dass sie einige Operationen ertragen habe – und nun fühle sie sich zum ersten Mal nach solch langer Zeit davon befreit. Ich fragte Sandra, was genau sie bei der Meditation empfunden habe, und sie antwortete: „Ich war zu Hause. Ich bin bei mir zu Hause angekommen."

Sie fragte mich später, ob sie dieses überwältigende Gefühl konservieren könne, um an ihm zu schnuppern, es zu fühlen, zu sehen, zu schmecken, wann immer sie wolle. Ich erwiderte, dass das nicht nötig sei. Denn wer einmal die Tür zum Herzen geöffnet hat, der kann immer wieder eintreten. Egal, wo er sich befindet, egal, welche äußeren Umstände ihm das Leben erschweren, der Eingang bleibt offen.

Viel hat sich in ihrem Leben seither verändert: Mit ihrem Mann hat sie einen Weg gefunden, Freundschaft zu schließen. Sie ist heute finanziell unabhängig, denn sie hat tatsächlich eine Arbeitsstelle gefunden. Und ihr Rücken? Der ist gesund. Klingt nach einem Märchen, könnten Sie nun sagen. Stimmt aber nicht! Es ist, ich schwöre es, eine wahre Geschichte, eine von vielen, die mich antreibt, die Herzöffnungsmethode mehr und mehr zu verbreiten. Die Vorstellung, dass auch Sie mit meiner Methode glücklich werden, die erfüllt mich mit Dankbarkeit. So hoffe ich, Sie folgen mir weiter durch die Seiten, Sie erleben Lösungen für Ihr Leben, von denen Sie vorher nicht zu träumen wagten. Und ich wünsche Ihnen, dass Sie ebenso den Tanz des Herzens wagen, wie Sandra es tat. Für mich ist ein Leben im Gleichklang mit dem Herzen eine pure Freude. Und Freude wiederum bedeutet Liebe in Aktion. Und wenn es passieren soll, kann in einer einzigen Herz-Verbindung sich ein lichtvolles Energiefeld für Sie öffnen, es kann sich alles ändern in nur einem Moment.

Übung

Den inneren Herz-Ratgeber aktivieren

In die Meditation gehen

Setze dich bequem, mit geradem Rücken auf einen Stuhl.
Gerne kannst du die Lehne als Stütze nutzen.

Gehe mit der Aufmerksamkeit zu deinen Füßen.
Spüre, wie die Fußsohlen flach auf dem Boden stehen.
Der Boden trägt dich.

Gehe mit deiner Aufmerksamkeit zum Becken.
Spüre, ob sich das Becken für dich gut anfühlt.
Nimm die Freiheit wahr, die das Becken im Raum hat.

Gehe mit deiner Aufmerksamkeit zu deinen Schultern.
Spüre, ob sich der Schultergürtel für dich gut anfühlt.
Nimm die Freiheit wahr, die deine Schultern im Raum haben.

Die Aufmerksamkeit ins Herz lenken

Schließe deine Augen und achte auf deinen Atem, spüre, wie
dein Atem in den Körper ein- und ausströmt.
Lenke nach drei bis fünf Atemzügen deine Aufmerksamkeit in
dein Herz.
Lege eine Hand flach auf dein Herz, nimm wahr, dass deine
Hand entspannt auf deinem Herzen ruht.

Genieße die Berührung und erlaube dir, dich weiter zu
entspannen.

Atme langsam und sanft, zähle beim Einatmen bis vier und beim
Ausatmen bis sechs. Verweile mit der Aufmerksamkeit auf
deinem Atem, nimm die Entspannung weiter wahr.

Lege nun deine Hand, die auf dem Herzen ruht, wieder zurück auf deinen Oberschenkel. Bleibe mit der Aufmerksamkeit im Herzen.

Den inneren Herz-Ratgeber aktivieren

Atme in deinem Rhythmus weiter; so wie du atmest, so ist es gut.

Mache dir bewusst, dass du über die innere Fähigkeit des Beobachtens verfügst. Mit dieser Fähigkeit nimmst du dich im Moment wahr, so wie deine Füße auf dem Boden stehen, wie du auf dem Stuhl sitzt, die Hände auf den Oberschenkeln hältst, so wie du atmest und mit deiner Aufmerksamkeit im Herzen verweilst. Du spürst, wie sich dein Körper kühl oder warm anfühlt, wie dein Atem durch den Brustkorb in den Bauch fließt, sich im gesamten Körper ausbreitet und durch den Mund wieder austritt.

Verharre in dieser Beobachtung. Drücke nichts weg, bewerte nichts. Erkenne nur, wo Druck und Anspannung liegen, wo Schmerzen stören. Nimm das alles wahr in einer neutralen Weise, ähnlich wie eine Kamera, die mit einer weit geöffneten Blende dorthin gerichtet ist. Sie registriert alles, aber sie bewertet nicht. Sie zeichnet ein Bild, ohne irgendetwas zu pointieren.

Beobachte auch die Gedanken, die im Kopf vorüberziehen und vielleicht sogar dein Herz erreichen. Bewerte sie nicht. Sie sind da, wie Wolken am Horizont, sie ziehen weiter, immer weiter mit jedem Atemzug. Du beobachtest nur, du bewertest nichts, du nimmst an, was ist.

▶ Durch das wertfreie Beobachten gehst du in eine neutrale Haltung. Du forcierst nichts. Du fegst den Gedankenspeicher leer und verlässt damit deine alten Denkmuster. Du baust Blockaden ab. Du erlaubst dir selbst, den durch Stress und Probleme verschütteten Herzgefühlen wieder zu begegnen. Vielleicht haben diese eine Temperatur, eine Farbe, die du erkennst, während du deinen inneren Beobachter aktivierst?

Diese Übung durchbricht deine Grübelschleifen und führt dich hin zu deinem inneren Herz-Ratgeber, den du fragen darfst: Wo verläuft für mich der richtige Weg aus meinem Dilemma? Es mag sein, dass du zunächst nur ein gutes Gefühl erhältst, dass du von deinem zukünftigen Weg nur Umrisse siehst, aber je öfter du dich in die neutrale innere Beobachterhaltung begibst, die ihren Anfang vom Herzen nimmt, werden diese inneren Bilder klarer. Es löst sich, was lange verknotet schien. Du erhältst Antworten, die für dich heilsam sind.

Literatur Kapitel 4

6 Quelle: https://www.dak.de/dak/bundes-themen/muedes-deutschland-schlaf-stoerungen-steigen-deutlich-an-1885310.html

7 Quelle: http://www.spiegel.de/gesundheit/diagnose/schlafstoerungen-immer-mehr-deutsche-schlafen-schlecht-a-1139002.html (Zugriff am 4.10.2018)

8 https://blog.heartmathdeutschland.de/category/herzintelligenz/ (Zugriff am 9.10.2018)

Kapitel 5

Glück ist ein Geburtsrecht

Wie finden Sie Ihr Glück? Lässt es sich planen? Braucht Glück erst eine Niederlage, ein Straucheln, um sich anzubahnen? Liegen Ihnen diese Fragen auf den Lippen, wenn Sie mein Herz-Buch lesen? Das kann ich gut verstehen, denn Glück und Herz gehören zusammen wie die Sterne und das Universum. Meine Antwort auf Ihre Fragen möchte ich diesem Kapitel voranstellen: Glück ist ein natürlicher Zustand, er geschieht, je leichter Sie das Leben nehmen.

Glück ist weder Zufall noch ist es eine Fügung des Schicksals, die nur wenigen Menschen widerfährt. Glück ist ein Grundrecht, finde ich, und es ist Ihre Bestimmung, es zu atmen und zu spüren, es bis in Ihre Zellen dringen zu lassen.

Sie sind auf der Welt, um glücklich zu sein. Punkt. Sie sollen die Schönheiten der Natur, den Wert von Freundschaften, die Freude über Ihre Talente, den inneren Frieden empfinden. Sie sollen sich aufgehoben und angenommen fühlen von diesem Leben und Ihre Spuren dort setzen, wo die erhöhte, lichte Energie schwingt. Sie sollen mit jedem Atemzug merken: Das Leben meint es gut mit Ihnen, es bietet Gesundheit, Selbstentfaltung, Reichtum und all das, was Sie ersehnen. Wie schön das klingt! Das finden Politiker und Trendforscher auch, wenn sie das Glück sezieren, als sei es ein schwer zu durchdringender

Datenstoff, und eine Studie nach der anderen darüber veröffentlichen.

Ich halte nicht viel von diesem Hype ums Glück. Ich mag weder die jährlichen Reports noch mag ich die Schlagzeilen in den Zeitungen zu diesem Thema. Natürlich wollen wir in Frieden, in Gesundheit leben. Natürlich sind die Grundlagen für eine Potenzialentfaltung Werte wie Freiheit, Rechtsstaatlichkeit und Bildung. Und auch die Anzahl der Jahre, die ein Mensch von der Geburt bis zum Tod erfahren darf, die mögen ein Zeichen von Glück sein. Das alles stelle ich nicht in Frage, doch denke ich: Hinter den großen Paradigmen, die diese Glücksreports der Welt beleuchten, gibt es die kleinen, sehr eigenen Nischen, in die ein Mensch sich zurückzieht, um dort sein Glück zu finden. Denn wahres Glück lässt sich nicht in Schlagworte pressen. Es ist viel zu nuancenreich, und deshalb entschwebt es einer Statistik. Für mich ist Glück ein Solitär, den jeder Mensch in sich selbst entdeckt und nährt und pflegt. Glück, so will ich sagen, ist Ihre höchstpersönliche Sache. Nur wie kann es aktiviert werden? Indem Sie nichts verlangen, nichts erzwingen, indem Sie einfach dankbar sind.

Dankbarkeit vor Glück

Oft werde ich gefragt: „Isabelle, wie kann ich glücklich werden?" Meine Antwort lautet dann: „Sei es einfach." Glücklich zu werden, ist keine schwere Aufgabe, niemand muss es sich erarbeiten, niemand muss erst durch ein Tal der Tränen gehen, Niederlagen erleiden. Die alte Mär davon, dass Sie sich Ihr Glück erst verdienen müssen, ist eine Lüge! Sie sind als Glückskind geboren und Sie haben einen Anspruch, den göttlichen Funken sprühen zu lassen, und zwar täglich. Sie dürfen morgens aufstehen, sich strecken, dürfen in sich hineinhorchen und Ihrem eigenen Echo von Glück folgen, bis Sie derart lächeln, dass Ihnen das Lächeln gar nicht mehr vergeht. Sie dürfen die goldene Wärme im Herzen konservieren, denn die gehört zu Ihnen wie Ihr Geburtsdatum. Der direkte Weg zu diesem Gefühl ist die Dankbarkeit. Dankbar zu sein für den Moment bedeutet, eine tiefe Zufriedenheit zu empfinden, wertzuschätzen, was ist, und die Gedanken durchlässig zu machen für das, was der Tag bringen wird. Dabei ziehen die Ziele und Wünsche vor Ihrem geistigen Auge vorüber und verbinden sich mit Ihrem Atem. Eine tiefe Dankbarkeit weitet sich dann in Ihnen aus. Kein Zweifel stört Ihr Empfinden, denn Sie geben sich für wenige Sekunden der emotionalen Vorstellung hin, Ihre Ziele und Wünsche wären bereits in Erfüllung gegangen. Probieren Sie es aus. Bevor Sie morgen früh die Beine über den Bettrand schwingen, halten Sie inne:

Atmen Sie in Ihr Herz.

Seien Sie dankbar für Ihren Wunsch, wie immer er sich gestaltet, ob es um Ihre Gesundheit, Ihren Partner, um Ihre Kinder, um einen neuen Job, einen Brillantring oder eine Kilimandscharo-Besteigung geht, halten Sie Ihren Wunsch im Herzen fest und atmen Sie in den Wunsch ein und aus.

Genießen Sie die Wärme, die dann entsteht, lassen Sie die Wärme zum Licht werden und durch Ihren gesamten Körper strahlen.

Empfinden Sie Dankbarkeit für Ihren Wunsch.

Konzentrieren Sie sich auf diese Dankbarkeit.

Sie wird sich mit den nächsten Atemzügen ausbreiten und weiter aufsteigen, um sich mit der Energie aus dem Quantenfeld zu potenzieren.

Dankbarkeit ist jene Kraft, die sich augenblicklich mit dem Kosmos verbindet. Sobald Sie Dankbarkeit in Ihrem Herzen spüren, sendet das Quantenfeld zurück, was Sie erhoffen, erwarten, was Sie ausgeatmet haben. Sie werden mit dem folgenden Atemzug zurückerhalten, wofür Sie dankbar sind. So funktioniert das Gesetz der Resonanz. Mit jedem Atemzug, den Sie tun, bestimmen Sie selbst, welches Glück Ihnen widerfährt –

oder auch nicht. Das Beeindruckende an diesem Resonanzgesetz ist für mich, dass Sie sofort, in dieser Sekunde, von einem für Sie falschen, schädlichen Weg Abstand nehmen können. Sie dürfen sich umdrehen, zu jeder Zeit. Mit diesem Wissen erhält Ihr Glück eine leichte Komponente, denn es lässt sich täglich neu formen, wenn Sie das möchten. Alles, was Sie dazu brauchen, ist Ihr Blick in Ihr Herz und die Fähigkeit, die erhöhten Herzgefühle zu aktivieren. Dann entsteht eine Kohärenz zwischen Körper, Geist und Seele, weil Sie glücklich sind, weil Ihr Herz in seinem Ur-Rhythmus schlägt. Mediziner nennen diesen Zustand den optimalen Sinusrhythmus, in der Spiritualität ist es der kosmische Gleichklang. Verantwortlich ist der Sinusknoten im Herzen oder, wie ich es nenne, der Glückspunkt.

Der Sinusknoten bestimmt den Rhythmus

Was in der Spiritualität als Glückspunkt bezeichnet wird, das benennt die Medizin mit einem Fachwort: dem Sinusknoten. Chirurgen, die am offenen Herzen operieren, meiden diesen Punkt, sie berühren ihn nicht, denn er ist empfindlich, er ist der Taktgeber im Herzen.

Der Sinusknoten befindet sich im rechten Vorhof des Herzens und besteht in einer Gewebestruktur aus Muskeln und Nerven. Er sendet, solange ein Mensch lebt, elektrische Impulse in das Herz, damit es schlägt, mal langsam und mal schnell – in normalen Phasen, im Ruhepuls, sind es 60 bis 80 Schläge in der Minute, bei Anstrengung können es rund 200 Schläge in der Minute sein.

Die elektrische Ladung für den Herzschlag, für das Zusammenziehen und Dehnen des Muskels, erfolgt durch die Impulse des Sinusknotens an ein Reizleitungssystem. Das besteht aus

Herzzellen, die fähig sind, sich elektrisch aufzuladen und diese Ladung an benachbarte Zellen abzugeben. In dieser Weise breiten sich die Impulse des Herzens aus, entsteht die elektromagnetische Energie, die bis zu 5000-mal stärker ist als die elektromagnetische Energie des Gehirns.

▶ Nutzen Sie diese Kraftquelle, indem Sie sie mit Freude, Dankbarkeit und Zuversicht versehen. In dieser Weise erhalten Sie eine geordnete Herzfrequenz-Variabilität. Solange Sie Zorn, Angst, Zweifel vermeiden, sendet Ihr Sinusknoten einen perfekt auf Ihre Gesundheit abgestimmten Takt aus, er hält Sie, so könnte man sagen, von Stress und gesundheitlicher Schädigung fern.

Der Mediziner und Herz-Experte Markus Peters schreibt dazu in seinem Buch „Gesundmacher Herz"[9]: „Gelingt es jedoch, die Herzfrequenz-Variabilität nachhaltig in einen regelmäßigen, schwingenden Zustand zu bringen, dann wird das Herz in die Lage versetzt, direkt positiv in den ganzen Körper hineinzuwirken. Wichtig ist dabei, dass sich diese positive Wirkung noch einmal selbst verstärkt – ein Zustand, den man als Kohärenz bezeichnet. Von Kohärenz wird nämlich immer dann gesprochen, wenn sich körperliche Rhythmen aneinander anpassen, wenn sie ‚zusammenschwingen'." (2016, S. 71)

Übung

Glückspunkt im Herzen stärken

Berühre mit einer Hand das Brustbein.

Schließe die Augen.

Klopfe nun sehr sanft in deinem Rhythmus auf das Brustbein.

Spüre, wie eine Energie entsteht, die warm und fließend ist.

Halte deine Aufmerksamkeit auf dieser Energie und klopfe weiter sehr sanft auf das Brustbein.

Erkenne den Moment, in dem die Energie sich in deinem Körper ausbreitet und in einem Einklang weiterfließt, wie sie dann aufsteigt zu etwas Höherem und zurückkommt zu dir, um dich mit Licht und Wärme zu erfüllen.

Denke daran: Die Energie folgt deiner Aufmerksamkeit.

▶ Dein Herz, da darfst du sicher sein, findet einen Weg, um deine Wünsche zu erfüllen. Es wird sich dir eine Gelegenheit bieten, eine Lösung, eine unverhoffte Chance, du wirst mit dem Gefühl der Dankbarkeit dein Glück anziehen und voranbringen, denn im Quantenfeld ist jede Information, jede Energie gespeichert, dort herrscht absolute Harmonie und Schönheit, eine implizite Ordnung. Es liegt an dir, diese Energie ein- und auszuatmen.

Mit dem Quantenfeld verbunden

Ich komme nochmals zurück auf die Frage: „Wie kann ich glücklich werden?" Meine Antwort lautet: „Seien Sie einfach glücklich."

Es mag sein, dass auch Sie, wie viele meiner Teilnehmer, zunächst stutzen. „Einfach soll das sein?", mögen Sie denken. Erstens sei Glück keine einfache Angelegenheit und zweitens könne man nicht selbst entscheiden, wann es geschehe. Ich widerspreche Ihnen! Glück ist fließend und klar wie Wasser. Sie können es lenken und leiten. Allein durch Ihre erhöhte Herzenergie können Sie es visualisieren, materialisieren, können die Kristalle in sich aufnehmen.

Glück hat nichts mit Erfahrung, Zufall oder besonderem Verdienst zu tun. Solche Annahmen sind wie Street Bumps auf Ihrem Weg. Sie stoppen oder zwingen zum Umweg. Glück hat auch nichts mit positiven Affirmationen zu tun, nichts mit dem Beten eines Satzes wie: „Ich erreiche meine Ziele und habe Freude daran." Solche Sätze sind nicht mehr als ein Streicheln an der Oberfläche. Sie dringen nicht in Ihr Herz, sondern bleiben im Kopf hängen. Sie finden den Zugang zum Quantenfeld nicht, zu der Verbindung aller Phänomene und aller Dimensionen. Was bedeutet das für Sie? Nun, wenn Sie sich in Erinnerung rufen, dass jedes Lebewesen mit dem Quantenfeld verbunden ist, dass Sie entscheiden können, welchen Zustand des Seins Sie dort abrufen, dann sollten Sie mehrmals täglich bewusst und tief und voller Dankbarkeit in Ihr Herz atmen, um den direkten Zugang dorthin zu nutzen, um die schöpferische Intelligenz, die dort herrscht, in Ihr Leben einzuladen. Albert Einstein sagte einst treffend: „Das Feld ist unsere einzige Wirklichkeit."

Das Quantenfeld erlaubt uns, tiefe Intuitionszustände zu spüren, die Selbstheilungskräfte zu aktivieren und sogar die Anti-Aging-Hormone zu aktivieren, wie Forschungen beweisen. Der Zellbiologe Bruce Lipton, der Wissen und Geist in seiner Arbeit verbindet, vertritt die These, dass die Körperzellen sich mit unseren Gefühlen verändern. Nicht die Epigenetik bestimmt unser Leben, sondern die Art, wie wir dieses Leben mit Emotionen füllen und wie wir die Energie des Quantenfeldes für uns nutzen. Damals in den 1980er Jahren wurde diese These mit Skepsis betrachtet. Heute füllt Lipton weltweit Säle. Wenn er auftritt, wird er empfangen wie ein Popstar. Wenn er mit seinen bahnbrechenden Ergebnissen Trost und Zuversicht spendet und das Quantenfeld in seine Forschungen mit einbezieht, weil sich die Aufmerksamkeit wissenschaftlicher Disziplinen endlich auf das richtet, woraus jedes Lebewesen seine Energie bezieht, hören die Menschen fasziniert zu. Nach seiner Lehre kann es jedem Menschen gelingen, die emotionalen Altlasten bis in die Zellen hinein aufzulösen und sie in Wohlbefinden zu verwandeln! In seinem Bestseller „Intelligente Zellen"[10] schreibt er: „Als sich die Wissenschaft vom Geistigen abwandte, veränderte sich ihre Aufgabe von Grund auf. Anstatt weiter zu versuchen, die ‚natürliche Ordnung' der Dinge zu ergründen, damit die Menschen in größerer Harmonie mit dieser Ordnung leben können, hat sich die moderne Wissenschaft die Kontrolle und Beherrschung der Natur auf die Fahne geschrieben. Die aus dieser Haltung hervorgegangene Technologie hat die Menschheit kurz vor die Selbstzerstörung gebracht." (2017, S. 185)

Es ist eine Illusion zu denken, irgendein Lebewesen sei von dem elektromagnetischen Feld getrennt! Wir sind immer, egal was wir tun, denken, wie wir handeln, egal wo auf der Welt wir uns befinden, mit dem Quantenfeld verbunden. Unser Herz ist fähig, diese elektromagnetische Energie des Feldes für unsere Gesundheit, Liebe, für unseren inneren und äußeren Reichtum zu nutzen. Wir können unser Glück steuern.

Kein Glück im Außen

Allerdings kann es passieren, dass wir zu kopflastig werden, uns zu sehr im Stress und in Problemen aufhalten, dass wir nach Lösungen suchen, die rational erscheinen. In dieser Phase schwingen wir nicht im Einklang, wir schneiden die Emotionen von der Vernunft ab, eine Inkohärenz entsteht. In der Folge fühlen wir uns, als seien wir einsam, isoliert, und die Verzweiflung weitet sich aus. Damit beginnt ein Kreislauf, der für den inneren Frieden fatal ist: Wir wenden uns verstärkt nach außen, suchen nach Hilfe, Unterstützung oder nach Anerkennung. Wir hoffen auf diese Signale von anderen, um uns wieder zu spüren, um angenommen zu werden. Nur kann im Außen keine Zufriedenheit entstehen. Ein Lob der anderen verpufft in dem Moment, in dem die Worte ausgesprochen worden sind. Materielles verliert die Attraktivität, sobald wir mit Materiellem Einsamkeit und Unzufriedenheit tilgen wollen.

Der Grund für diese Orientierungslosigkeit lautet: Im Außen finden Sie kein Herzgefühl, vielmehr landen Sie über kurz oder lang im Stress und nicht selten in einer Opferrolle. Sie werden zu einem Getriebenen, der Materielles anhäuft, aber doch kein dauerhaftes Wohlbefinden empfindet, der Zuwendung ersehnt und doch nur instrumentalisiert wird für die Ziele der anderen. Es mag sein, dass Sie für kurze Zeit erreichen, was Sie erstreben. Vielleicht erhalten Sie ein anerkennendes Schulterklopfen Ihres Chefs für Ihren unentwegten Einsatz, aber im Grunde wissen Sie, es sind nur Momentaufnahmen. Solch kurzes Glück verfällt schnell, denn es entspringt nicht unserem Herzen, sondern den neuronalen Netzwerken im Gehirn. Bildgebende Verfahren ermöglichen es, diese Aktivitäten im Gehirn zu beobachten. Mit Hilfe des sogenannten Neuroimaging lassen sich die kleinen roten Punkte darstellen, die aktiv werden, wenn Sie Glück im Kopf empfinden. Sie flimmern auf – und verdunkeln sich wieder. Sie sind weder ständig aktiv noch ständig sichtbar. Es ist also nur kurz gesetzte Freude ohne das Echo der Dankbarkeit. Deshalb finden Sie am Ende dieses Kapitels eine besondere Herzmeditation. Sie berühren Ihren Glückspunkt im Herzen und damit aktivieren Sie die Dankbarkeit. Für mich umgibt sich dieser Punkt mit einem Geheimnis vom Leben, und wir sollten nicht versuchen, es zu hinterfragen. Denn der Glückspunkt im Herzen birgt jenen göttlichen Funken, der fernab von Rationalität und Logik wirkt. Er ist Zugang zu einem Raum der Mehrdimensionalität, der Unendlichkeit. Mit der Gewissheit um diesen Punkt, der Ihnen den Takt im Leben schenkt, werden Sie unabhängig auch in schwierigen Lebensumständen. Sie erfahren eine innere Freiheit, die Sie stark und zuversichtlich macht. Egal, wie das Leben um Sie wirbelt, in Ihnen etabliert sich Klarheit. Natürlich kann es sein, dass Sie im Alltag einmal Ihre Balance verlieren, wenn Sie sich ärgern, wenn Sie wütend sind. Das ist menschlich. Aber glauben Sie mir: Mit dem Bewusstsein für Ihre innere Heimat, für Ihr Herz und den sich darin befindenden Glückspunkt werden Sie Ihren Halt nie mehr verlieren. Sie lassen sich durch nichts und niemanden mehr niederdrücken. Sie kämpfen nicht, Sie nehmen, was ist, und wissen, dass auch Phasen der Trauer und des Schmerzes Sie nicht aus dem Takt bringen. Mit einem unerschütterlichen Vertrauen in sich und Ihre Zukunft werden Sie die richtigen Entscheidungen treffen, die für Sie stimmigen Wünsche aussenden.

Berühren Sie mehrmals am Tag Ihren Herzpunkt, senden Sie helle Gefühle der Freude und der Dankbarkeit hinein. Fragen Sie Ihr Herz nach Lösungen, statt in einen Stressmodus zu verfallen. Bleiben Sie bei sich und halten Sie Ihre Aufmerksamkeit auf Ihrem Glück. Hinderliche Emotionen werden sich auflösen und durch neue wohlklingende Emotionen ersetzt werden. Ihr gesamter Stoffwechsel wird sich verändern, wenn Sie in Ihren Herzpunkt ein- und ausatmen. Treffen Sie jetzt die bewusste Entscheidung: Ich bin glücklich! Und dann strengen Sie sich bitte nicht mehr an, sondern lassen das Gefühl von Glück vom Herzen zum Gehirn, durch den Körper fließen und senden Sie es weiter in das Universum. Sie dürfen glücklich sein! Glück ist Ihr Geburtsrecht, Ihre ursprüngliche Signatur.

Ein Haus in der Bretagne

„Kennst du Lostmarc'h?", fragt mich Olivia und ihre Augen strahlen wie zwei Saphire. „Nein, kenne ich nicht, aber sicherlich wirst du uns davon erzählen", lächele ich sie an und im Raum wird es still. Jeder der zwölf Teilnehmer hat von seinem persönlichen Glück erzählt, davon, wie er es gefunden und gepflegt hat, wie er daran festgehalten hat, bis es Wirklichkeit geworden ist. Sie alle hatten sich in dem Grundlagenseminar zur Herzöffnung kennengelernt und hatten über ein halbes Jahr hinweg ihren Glückspunkt im Herzen gestärkt. Heute sind wir wieder zusammengekommen, um von dem zwischenzeitlich Erlebten zu berichten. Olivia ist die letzte in unserer Runde und wir lassen uns gerne auf die helle Energie ein, die sie in den Raum sendet. Wir ahnen, diese Geschichte wird eine besondere sein.

Olivia wirft den Kopf in den Nacken und lacht: „Kaum jemand kennt Lostmarc'h. Dabei ist es ein Stück Paradies. Es liegt in Frankreich, in der Bretagne auf der Crozon-Halbinsel, und ragt quasi in den Atlantik. Dort schäumen die Wellen unentwegt und es scheint so, als würden sich in der Ferne der Himmel und das Meer küssen. An Land stehen Häuser, gebaut aus Naturstein, und die sind, solange die Menschen dort denken können, im Familienbesitz. Sie werden vererbt von Generation zu Generation. Niemand denkt nur im Traum daran, ein Haus an dieser Küste zu verkaufen." Als sie beginnt zu schwärmen, erinnern wir uns daran, dass sie bereits im ersten Seminar von solch einem Haus träumte. Manche fragten sie damals, wer das bezahlen solle und ob sie zwischen der Schweiz und Frankreich pendeln könne. Olivia hatte solche Gedanken nicht. Sie hatte sich mehrmals täglich diesen Wunsch in das Herz geatmet, hatte sich dem Bild hingegeben, wie sie mit einem Schlüssel die Tür eines Hauses in Lostmarc'h aufschließt, wie sie sich Kaffee kocht, wie sie Essen zubereitet und es abends mit ihrem Mann auf der Terrasse genießt. Sie stellte sich den Sonnenaufgang im Garten vor und den Sonnenuntergang über dem Meer, den sie vom Schlafzimmer aus beobachtet. Und sie wurde dabei von einer tiefen Dankbarkeit überflutet. In ihr wurde das Bild groß, dass dieses Haus ihr Haus ist.

Während Olivia uns von diesen Herzbildern erzählt, hängen wir an ihren Lippen, weil sich ihr Wunsch anhört, als sei er längst Realität, als würde sich ihr Alltag in dem kleinen Ort an der Westküste der Bretagne abspielen. Und fast wundert es uns nicht, als sie uns mit ihren blauen Augen ansieht und verkündigt: „Seit einem Monat gehört das Haus mir!" Ihre Stimme flattert vor Freude und wir fragen sie, wie das passiert sei. „Nun", sagt sie, „die Geschichte ist schnell erzählt. Eine Freundin im Ort hat mir ein Inserat und Exposé zugeschickt. Fast gleichzeitig hat mich eine andere Bekannte von dort angerufen und gesagt, sie habe ein Stück vom Paradies gefunden. Stellt euch vor: Zwei Menschen haben meine Aufmerksamkeit auf ein und dasselbe Haus gelenkt." Wenn das kein Zeichen des Universums ist, dachte Olivia – und fuhr nach Lostmarc'h. Das Haus war ein Traumhaus, frei und erschwinglich, und es überwältigte sie, wie viele Freunde und Bekannte ihre Hilfe anboten. Die Finanzierung war tragbar, das Renovieren machte Spaß, alles lief leicht von der Hand. Und heute? Olivia sieht wieder in die Runde und sagt: „Es ist wahr geworden! Ich lebe mit meinem Mann in Lostmarc'h. Und das Beste ist: Ich bin bei mir angekommen, habe meine Heimat gefunden. Mir war es wichtig, euch allen das persönlich zu erzählen, und deshalb habe ich die weite Fahrt auf mich genommen. Ich will euch sagen: Glück kann so einfach sein."

Olivia hat uns gezeigt, wie ungetrübt von äußeren Bedenken und Widerständen sich ein persönliches Glück entwickelt. Das Geheimnis ist, an das Glück zu glauben. Es nicht loszulassen. Darauf zu vertrauen, dass es sich formt, bis es passt.

Mit dieser Haltung gehen Sie innerlich in die Weite. Sie sagen sich, alles sei möglich, wenn es der eigenen Signatur entspricht. In diesem Moment konzentrieren Sie sich bereits auf Ihren Glückspunkt:

- Sie ziehen Lösungen an – stecken nicht im Problem fest.
- Sie erkennen in Situationen das Positive – und geben niemals anderen die Schuld, geben nicht auf.
- Sie sind mit sich im Reinen – und schämen sich nicht für Ihre Haltung.
- Sie können warten – und verfallen nicht in Aktionismus.

Wenn ich in diesem Kapitel das Glück als Geburtsrecht bezeichne, dann meine ich damit nicht nur die Freude über Erreichtes, über eine Wunscherfüllung. Glück, wie ich es verstehe, ist ein ständiges Wohlgefühl, ein tiefer innerer Friede, der die Ausschläge eines Erfolges zwar registriert, aber der nicht zusammenbricht, wenn diese ausbleiben. Ich meine also das Glücksempfinden ohne äußeren Anlass. Es ist da und schwingt verlässlich. Und sollten Ihnen einmal Kampf und Trauer begegnen, dann nehmen Sie das an als einen Moment, der zum Leben gehört, ohne das Wohlgefühl aufzugeben. Diesen grundlegenden Zustand wünsche ich Ihnen und dahin soll meine folgende Meditation Sie führen:

Übung

Glücksmeditation

Mit der Glücksmeditation wirst du Blockaden, hinderliche Glaubenssätze, Ängste, Verletzungen und Hemmungen auflösen.
Du wirst die Signatur deiner Zellen verändern. Ein wunderbares Gefühl des inneren Friedens wird sich einstellen und du darfst es festhalten und dein Leben voller Freude genießen.

In die Meditation gehen

Setze dich bequem, mit geradem Rücken auf einen Stuhl.
Gerne kannst du die Lehne als Stütze nutzen.

Gehe mit der Aufmerksamkeit zu deinen Füßen.
Spüre, wie die Fußsohlen flach auf dem Boden stehen.

Der Boden trägt dich.

Gehe mit deiner Aufmerksamkeit zum Becken.

Spüre, ob sich das Becken für dich gut anfühlt.
Nimm die Freiheit wahr, die das Becken im Raum hat.

Gehe mit deiner Aufmerksamkeit zu deinen Schultern.
Spüre, ob sich der Schultergürtel für dich gut anfühlt. Nimm die Freiheit wahr, die deine Schultern im Raum haben.

Lege die Hände entspannt auf deine Oberschenkel.
Öffne die Handflächen nach oben.

Den Rhythmus des Herzens spüren

Schließe deine Augen und richte innerlich deine Aufmerksamkeit auf dein Herz. Lege eine Hand flach auf dein Herz. Spüre, wie deine Hand entspannt auf deinem Herzen ruht.

Genieße diese ganz persönliche Berührung und erlaube dir, dich weiter zu entspannen. Atme langsam und sanft, zähle beim Einatmen bis vier und beim Ausatmen bis sechs.

Verweile mit deiner Aufmerksamkeit in dieser Entspannung. So wie du atmest, so ist es gut.

Das Glück strömt aus dem Herzen

Atme weiter in dein Herzzentrum ein und aus. Finde deinen ganz individuellen Rhythmus.

Halte deine Aufmerksamkeit im Herzzentrum, erkenne den Glückspunkt. Dort atme hinein.

Lege deine Hand sanft auf diesen Punkt, spüre die Wärme.

Entspanne dich, gib dich dem hellen Gefühl hin.

Spüre, wie die Wärme zum Licht und das Licht strahlend wird.

In der Mitte deines Herzzentrums geht jetzt deine innere Herzsonne auf, sie ist schön wie die Sonne, die morgens den Horizont in Pastell tönt.

Mit jedem Atemzug wird deine innere Herzsonne größer und kräftiger.

Atme entspannt in deine Herzsonne ein und aus. Du nimmst wahr, wie die leuchtenden Sonnenstrahlen deinen gesamten Brustbereich erwärmen.

Entspanne dich weiter und atme ohne Druck in deine Herzsonne ein und aus. Die warmen, leuchtenden Strahlen durchströmen nun deinen ganzen Körper, deine Herzsonne umhüllt und durchströmt jedes Organ und jede einzelne Zelle.

Wenn du magst, kannst du deine Herzsonnen-Strahlen sich weit über deinen Körper ausdehnen lassen. Achte jedoch darauf, dass deine Aufmerksamkeit ruhig und entspannt in deinem Herzraum, bei deiner Herzsonne verweilt, während du in deinem eigenen Rhythmus entspannt in deine Herzsonne ein- und ausatmest.

Alle Anspannung, alle Sorgen und Probleme, Zeit und Raum lösen sich durch die Kraft und Wärme deiner Herzsonne auf.

Du fühlst dich leicht, du bist zufrieden. Nun bist du vollständig mit deinem Glücksstrom verbunden. Tanke die Wärme, die Kraft, lass dich tragen und regeneriere dich in deinem persönlichen Glücksstrom.

Literatur Kapitel 5

9 Peters, Markus: „Gesundmacher Herz. Wie es uns steuert, verbindet und heilt". 3. Auflage. Kirchzarten: VAK, 2016.

10 Lipton, Bruce H.: „Intelligente Zellen". 4. Auflage. Burgrain: KOHA, 2017.

TEIL
2

Das Herz steuert

die
Glücksfaktoren

Ich habe aufgehört, jene von Therapeuten empfohlenen Mental-techniken anzuwenden, die Entspannung oder ein Anheben der Stimmung versprechen. Denn ich habe erfahren, dass diese Art der Stressbewältigung nur von kurzer Dauer ist.

Als ich vor vielen Jahren im Burnout landete, zeigten die Muskel-entspannung nach Jacobson, das Hinterfragen meiner Bewertungen nach Friedemann Schulz von Thun oder das Erkennen meiner persönlichen Skripte nach Eric Berne durchaus Effekte. Kurzfristig beruhigten sie den Herzschlag, entspannten die Muskeln oder unterbrachen die Gedankenspiralen, die für Stress ein Motor sind. Aber im Laufe des Tages verschwanden die Effekte wieder, das anfänglich gute Gefühl wehte davon wie Laub im Wind.

Wenn ich Ihnen einige Seiten zuvor von der Art und Weise erzählt habe, wie ich nach meinem Zusammenbruch wieder Boden unter den Füßen gewann, dann standen ganz am Anfang die Men-taltechniken. Ich habe sie fleißig geübt, fand aber aus meinen leistungsgetriebenen Mustern doch nicht heraus, obwohl ich die Hinweise umgesetzt habe: Abstand von den Aufgaben zu wahren, eine Auszeit zu nehmen. Ich habe Sport getrieben, meine Nahrung umgestellt. Auch die diktierten positiven Affirmationen habe ich drei Mal täglich aufgesagt: „Ich bin glücklich." „Mir geht es gut." „Meine Probleme kann ich überwinden." Dauerhaft geholfen hat mir das alles nicht. Um es klar zu sagen: Mentaltechniken bieten eine Ablenkung von der Wirklichkeit, aber keine Besserung. Und die Affirmationen überziehen die Situation mit einem Seidenstoff. Erst mag es sich sanft und angenehm anfühlen, vielleicht schmie-gen Sie sich sogar in diese Sätze hinein, weil sie von Kopf bis Fuß schmeicheln, aber glauben Sie mir: Das gute Gefühl auf der Haut ändert nichts, gar nichts an Ihrer Situation, und schon gar nichts am Zustand Ihres Herzens. Für kurze Zeit tauchen Sie ab in diese Illusion, alles sei leicht, aber bald schon holt Sie die trübe Wirk-lichkeit ein: Der Jobverlust bleibt ein Faktum. Die Trennung von Ihrem Partner belastet Sie weiterhin. Die Aufgaben im Beruf treiben Sie noch immer in die Schlaflosigkeit. Auch wird der Bandscheibenvorfall noch schmerzen, wenn diese Sätze gesagt sind. Der Seidenstoff rutscht zu Boden und Sie bleiben frierend zurück.

Mentaltechniken können nicht nachhaltig wirken, weil sie das Herz nicht erreichen. Sie mögen ein sinnvoller Zusatz zur Herzarbeit sein, aber nie das Herzstück der Heilung.

Was mir selbst und mittlerweile mehr als 20.000 Menschen, die ich begleitet habe, in Krisen geholfen hat, war einzig die tägliche Herzarbeit. Sie geht im ersten Schritt einher mit einer Akzeptanz der aktuellen Situation, im zweiten Schritt mit einer veränderten Aufmerksamkeit und einer neuen Energiesignatur. Zu benennen, was Sie wirklich wollen; zu fühlen, was für Sie Glück bedeutet; sich erfüllen zu lassen von Liebe, Zuversicht und Dankbarkeit, das ist alles, was Sie tun müssen, um Ihr Leben wieder strahlen zu lassen. Die vier bedeutsamen Bereiche für Ihr Glück – Beziehung, Gesundheit, Beruf und finanzielle Freiheit – wachsen in dem Moment, in dem Sie diese Bereiche mit der Kraft Ihrer Herzemotionen nähren.

Auf den nächsten Seiten führe ich Sie zur spirituellen Ganzheit des Seins. Wir senden Ihre Aufmerksamkeit im Quantenfeld dorthin, wo Ihr Potenzial aufblüht. Sie werden merken, dass ein für Sie vollkommenes Glück nichts mit Technik zu tun hat. Es geschieht kraft Ihrer Herzemotionen. Sie müssen nicht warten, kämpfen, abwehren. Sie dürfen jetzt entscheiden, in allen Lebensbereichen glücklich zu sein. Zu einfach? Sehen wir genauer hin.

***

Kapitel 6

Die Quadranten für
ein strahlendes Leben

„Was ist ein strahlendes Leben?", mögen Sie fragen und zudem einwenden, dass jeder Mensch seine eigene Auffassung davon hat. Stimmt. Es gibt keine allgemeingültige Version, wie könnte es auch anders sein? Ihr Potenzial, Ihr Streben nach Erfolg und Zufriedenheit sind einzigartig wie Sie selbst. Ihre Träume träumt kein anderer, Ihre Talente gehören Ihnen und niemand kann diese je kopieren; und sollte er es versuchen, es wäre nie das Original. Irgendetwas würde fehlen, würde sich falsch anfühlen, irgendetwas wäre anders als Ihre Arbeit, Ihre Worte, Ihre Gesten, anders als Sie. Und doch gibt es vier Bereiche, die sich überall auf der Welt in gleichem Maße zu Glück verbinden. Man könnte sagen, sie bieten die Basis für das schöne Gefühl der Ganzheit. Wenn ich davon ausgehen darf, dass die politischen Rahmenbedingungen wie Demokratie und Rechtsstaatlichkeit für Sie gegeben sind und damit Ihrer persönlichen Entfaltung keine Restriktionen im Wege stehen, dann hängt Ihr Wohl und Wehe von Folgendem ab:

1. wertschätzende Beziehungen,
2. stabile Gesundheit,
3. erfüllende Aufgaben und
4. finanzielle Freiheit.

Diese Quadranten sind wie Säulen in Ihrem Leben. Sie geben Ihnen Stabilität und Ausdruck. Sie dürfen auf Ihren Säulen ruhen, an ihnen bauen, dürfen Ihren Säulen Ornamente, Muster, Prägungen hinzufügen, die Ihrem persönlichen Geschmack entsprechen. Ähnlich wie die Architekten es schon in der Antike taten. Durch alle Epochen gaben Säulen bedeutsamen Tempeln, Kirchen, Theatern, Villen eine Stabilität und eine Verzierung. Ihre Aufgabe war es, Schönheit mit Nutzen zu verbinden und den Eigensinn eines Gebäudes hervorzuheben. Ich finde, eine Ordnung von Säulen eignet sich auch bestens, um darauf Ihr Glück zu stellen.

Schließen Sie einmal die Augen und stellen Sie sich einen Tempel vor. Zwanzig Stufen aus weißem Stein führen hinauf. Sie gehen diese Stufen hoch, gespannt, was Sie im Inneren des Tempels erwartet. Vielleicht ein Raum, dessen Boden mit kostbarem Marmor gefliest ist, oder Wände mit Mosaiken verziert aus feinsten Splittern von Rubinen und Gold. Auf der oberen Stufe verharren Sie. Denn vor dem Inneren des antiken Tempels befindet sich ein Portikus, ein säulengetragener Vorbau. Jede Säule erhebt sich über einem Quader aus Stein, ragt mit einem gedrehten Schaft der Decke entgegen, und weiter oben entdecken Sie die Verzierungen der Säule. Geometrische Muster, florale Steinbänder, ein phantasievolles Mäandern zu einem Kunstwerk. Was anmutig wirkt, ist von ungemeiner Härte, von einer nicht zerstörbaren Schönheit, so scheint es Ihnen, und Sie treten durch diese Säulen, schreiten durch die Vorhalle in das Innere des Tempels. Sie nehmen die Gewissheit mit, dass die Säulen all das tragen, was Sie umgibt, dass Sie im Inneren gut aufgehoben sind.

Ankommen im Herzen

Menschen, die in sich sicher sind, strahlen Klarheit und Zufriedenheit aus. Ich erkenne es an dem Glanz in den Augen, an der geraden Körperhaltung, an dem Lächeln im Mundwinkel. Sie reden mit einer Stimme, die aus ihrer Mitte kommt. Sie artikulieren deutlich, ihre Worte passen zu den Gesten. Sie sind mit einem Selbstbewusstsein gesegnet, dass ihr Leben ihnen nicht entgleiten wird, sondern sie selbst es steuern, wohin es ihnen beliebt. Das ist keine Arroganz. Das ist eine spirituelle Wahrheit: Sie selbst entscheiden, ob Sie geliebt, gesund, erfolgreich und finanziell gesichert leben. Diese Einsicht, so finde ich, beflügelt! Und doch sehe ich, wenn ich durch die Straßen von Zürich, Berlin oder einer beliebigen Stadt gehe, unzufriedene Menschen. Sie sehen hilflos aus, hetzen ihren Zielen hinterher und scheinen einem ungeliebten Schicksal ergeben. In ihrem Gesicht haben sich Ärger und Traurigkeit eingegraben, nirgends ein Hauch Humor.

Oftmals würde ich sie gerne zum Innehalten überreden. Ich würde ihnen gerne sagen, sie sollen loslassen von einem vermeintlichen Leid. Denn seien wir einmal ehrlich: In den meisten Ländern Europas gibt es kaum eine wirklich existenzielle Not. Nach Berechnungen der Weltbank ist Deutschland von Armut nahezu befreit[11]. Wenn wir bedenken, dass die Armutsgrenze dort verläuft, wo Menschen immerhin noch 60 Prozent von dem verdienen, was Durchschnitt ist, dann mag das, gemessen an der Armut in manchen Ländern Afrikas, eine passable Ausgangslage sein, um weiter zu wachsen. Denn die meisten Menschen haben ein Dach über dem Kopf, einen Geldeingang am Monatsende auf dem Konto, sie leben in Beziehungen, Ehen, Familien, Freundschaften, sie sind gesund – ihr Leben ist nicht in den Grundfesten bedroht. In den meisten Menschen pocht keine Zeitbombe einer Krankheit wie Krebs. Sie erleiden keinen Hunger, keine Vertreibung und sind keinen Umweltkatastrophen ausgeliefert, sie können ihre Liebsten abends in die

Arme schließen. Wirkliche Armut bedeutet massive materielle Entbehrung, und wirkliche Schicksalsschläge bedeuten unheilbare Krankheit und plötzlichen Tod. Sie dürfen davon ausgehen, dass die meisten Menschen, die durch die Passagen der Städte hetzen, das gerade nicht erleben müssen, dass sie sogar gutsituiert und gesellschaftlich eingebunden sind. Und doch ist der Gesichtsausdruck traurig. Warum? Weil sie den Zugang zu ihrem Herzen nicht finden. Weil sie die Säulen, auf denen ihr Leben sich baut, nicht mit Dankbarkeit segnen, sondern nach dem Geschmack der anderen an diesen Säulen arbeiten.

Das Gesetz der Resonanz

Bleiben wir noch ein wenig im Inneren des Tempels. Hier finden Sie Ruhe. Sie genießen es, geschützt zu sein, lassen die Augen im Raum umherwandern, Ihnen gefällt die Eleganz der Bauweise, die durch eine Harmonie von Material und Form besticht. Sie heben den Kopf zur gewölbten Decke und sehen ein Fenster darin, es gibt den Blick auf den Himmel frei. Sie denken, dass der Himmel durch die Öffnung nah erscheint, fast wollen Sie die Hand ausstrecken, um die Wolken zu berühren. Ihnen kommt die Idee, dieses Fenster weit oben könnte die Verbindung zum Universum sein. Wenn Sie nun Worte rufen, denken Sie weiter, dann werden diese Worte aufsteigen, durch die Decke, die Öffnung, durch diesen gespannten Himmel über Ihnen werden sie wehen und sich mit einer Energie verbinden, die Ihre Stimmung beschreibt. Sie rufen einen Wunsch durch das Fenster, rufen ihn laut und eindringlich, voller Entschlusskraft. Und Sie sind sich sicher, dass irgendwann, nach Sekunden, Minuten oder nach Tagen oder Wochen, die Antwort auf Ihren Wunsch erscheinen wird. Sie haben recht. Das Universum sendet Ihnen das Echo zurück. Was Sie gedacht, gesprochen, wie Sie gehandelt haben, wird Sie in gleicher Tonalität wieder erreichen. Genau dort, wohin Sie Ihre Aufmerksamkeit gerichtet haben, wird die Energie entstehen. Jammern Sie also über fehlendes Geld, lamentieren Sie wegen der Zustände, in denen Sie sich befinden, beschweren Sie sich über mangelnde Wertschätzung, blicken Sie traurig und schlecht gelaunt in den Tag, dann kommt genau diese Antwort zurück: fehlendes Geld und traurige Situationen, Respektlosigkeit. Ich kann es nicht oft genug betonen: Was immer wir tun, beeinflusst unsere elektromagnetische Energie. Mit jedem Atemzug können wir unser Leben zum Guten lenken.

Natürlich mag es sein, dass Ihre Lage objektiv betrachtet in diesem Moment schwierig ist. Sorgen, Schulden, Trennung, Krankheit, das sind schwere Bürden, die ein Mensch manchmal schultern muss. Es gibt kein Leben ohne Abschnitte von Traurigkeit und Ärger. Das müssen Sie hinnehmen. Keinesfalls aber dürfen diese dunklen Gefühle sich in Ihr Denken und Handeln einritzen. Keinesfalls dürfen Sie in einer Opferhaltung verharren oder anderen die Schuld an Ihrem aktuellen Dilemma geben. Das wäre ein Wirken im Außen, ein Abwenden von sich selbst und damit von der Möglichkeit, die eigene Energie zu verändern. Bleiben Sie bei sich. Gehen Sie in Ihre Mitte. Benennen Sie, was ist, und sagen Sie: Im Moment läuft es nicht gut.

Übung

Annehmen, was ist

Sprich deine Sorgen aus, ehrlich und unverblümt.

„Es geht mir beschissen. Der Mann ist weg, der Rücken schmerzt, das Konto ist derart überzogen, dass ich nicht weiß, wie ich die nächste Miete bezahlen soll. Verdammt. Ich habe Fehler gemacht."

Trau dich, Verantwortung für deine Situation zu übernehmen. Hau mit der Faust auf den Tisch oder heul eine Runde, je nach Temperament. Und dann halte an!

Geh in die Ruhe.

Atme ein und aus, lass den Atem fließen, wohin immer er will. Lenke ihn nicht, berühre mit dem Atem nicht dein Herz.

Der Kopf soll leer sein, keine Gedanken sollen sich mehr drehen, keine Selbstvorwürfe sollen laut werden.

Atme ein und zähle bis vier. Atme aus und zähle bis sechs.

Du wirst merken, wie der Druck schwindet, wie Arme und Beine wieder leicht werden. Atme weiter.

Du spürst eine Weite in dir, lass diese Weite zu. Du füllst sie mit deinem Atmen. Atme weiter in deinem Rhythmus, denke und fühle: Nichts!

▶ Diese Leere ist ein neutraler Zustand, sie löscht aus, was dich zuvor belastete, sie nimmt die Gedanken, die Sorgen und damit die Schwere. In einer Neutralität verlässt du die Frequenz, die dir schadet. Du gehst emotional zurück auf null, um neu zu starten.

Was war, kannst du nicht verändern. Es ist geschehen. Vorbei. Aber du darfst jetzt, in dieser Sekunde der Gegenwart, deine elektromagnetische Energie neu definieren. Hebe noch einmal den Kopf hoch zu dem imaginären Fenster an der Decke des Tempels und fühle Dankbarkeit. Für dein Leben, für die Säulen, auf denen dieses Leben steht.

Und nun atme voller Dankbarkeit in dein Herz.

Was genau willst du an deiner Situation verändern, was ist in diesem Moment dein dringlichster Wunsch? Formuliere ihn. Konkret und absichtsvoll.

Halte diesen Wunsch für einige Atemzüge in deinem Herzen fest – und dann lass los. Das Universum wird dir die Antwort in dein Herz zurücksenden, es wird den Quadranten stärken, der aktuell bröckelt.

Das Ego will gefallen, das Herz will heilen

Auf wertschätzende Beziehungen, Gesundheit, auf Entfaltung im Beruf und finanzielle Freiheit baut sich ein gutes irdisches Leben. Nur basteln viele Menschen an diesen Säulen herum, damit sie den anderen gefallen. Dann suchen Menschen den Kontakt zu anderen, weil sie sich davon Vorteile oder Ansehen versprechen. Sie beauftragen Schönheitschirurgen, um ihr Äußeres zu optimieren, um sich mit Botox die Zornesfalten zu glätten. Sie erlernen einen Beruf, von dem sie sich Status versprechen. Das aber bedeutet kein Glück, das ist ein Wirken im Außen und damit ein Vernachlässigen der Herzgefühle. Oft geht dieses Werken zum Gefallen der anderen mit großer Anstrengung einher. Der Preis ist hoch. Zunehmend sind Menschen erschöpft, weil sie von einer unterschwelligen Angst getrieben werden, den Ansprüchen nicht zu genügen. Angst aber führt immer in die Trennung. Trennung von Ihren Herzgefühlen. Trennung von Ihrem Potenzial. Zurück bleibt das ungute Gefühl, nicht in seiner Mitte zu ruhen, nicht zu strahlen im Leben. Was auf Dauer folgt, ist eine persönliche Krise. Oft haben meine Teilnehmer zuvor Mentaltechniken ausprobiert, haben versucht, ihr Bewertungsmuster zu ändern, Affirmationen aufzusagen, ein Erfolgstagebuch zu führen oder ihre hinderlichen Glaubenssätze gegenteilig zu formulieren. Sie haben Kommunikations- und Konfliktseminare besucht. Im Ergebnis all dieser Anstrengungen wissen sie sehr genau, was sie stört und was sie *nicht* wollen. Sie wollen nicht mehr im Mangel, im Stress, in der Angst leben. Sie wollen das Ende der Krise. Aber ihr Ego sträubt sich. Denn das Ego will an gewohnten Zuständen festhalten, damit es weiterhin eine Stimme erhält. Das Ego ist nämlich weder kreativ noch auf Kohärenz bedacht. Es will die Hauptrolle spielen, der Star sein. Lieber ein trauriger Star, der bedauert wird, als ein Star ohne Publikum, denkt es und trampelt weiter auf den gewohnten Pfaden, während es murmelt: „Wenn ich mich anstrenge, dann bin ich erfolgreich." „Vor dem Erfolg steht der Schweiß." „Ich muss anderen gefallen, ihr Lob ist mir wichtig." Kennen Sie solche Gedanken? Stoppen Sie hier. Drehen Sie sich um, lassen Sie für eine Weile Ihr Ego links liegen. Legen Sie die Hand auf Ihr Herz und atmen Sie hinein. Dann fragen Sie sich: „Was wünsche ich mir konkret und wirklich? Was ist mein eigenes inneres Verlangen?"

Bei diesem Kerngedanken sehen mich die Teilnehmer oftmals verwundert an. Ich kann das verstehen, denn in unserem kulturellen Raum klingt das selbstbezogen. Sie sollen ausblenden, was andere von Ihnen erwarten? Hier will ich Sie ermutigen, den Fokus auf sich selbst, auf die Selbstliebe zu richten. Die verstehe ich nicht als eine narzisstische Selbstverliebtheit, sondern sie ist für mich eine unbedingte Verlässlichkeit und Wertschätzung sich selbst gegenüber. Sie ist auch der gelassene Umgang mit den eigenen Schwächen und der Stolz auf das eigene Potenzial. Nennen wir es Selbstfreundschaft, so wie der Philosoph Wilhelm Schmid es treffend in seinem Hörbuch ausdrückt: „Vor allem in turbulenten Zeiten genießt er die Rückzugsmöglichkeit auf sich als Freund, auf den Verlass ist. In freudlosen Zeiten schöpft er viel Freude aus dem vertrauten Zusammensein mit sich. Bewunderung durch Andere ist dem Selbstfreund willkommen, sofern es Anlass dazu gibt; ein wenig davon lässt er sich auch schon selbst zuteilwerden."[12]

Wir sind häufig so erzogen worden, dass wir geduldig sein müssen, bis sich der Erfolg einstellt. Dass wir lange und hart arbeiten müssen, um reich und zufrieden zu sein. Dass wir anderen gefallen müssen. Dass wir keine Fehler machen dürfen. Das Gesetz der Resonanz lehrt uns jedoch anderes. Sie sind es wert, genau das zu erhalten, was *Ihnen* wichtig ist. Sie sind auf dieser Welt, um Freude zu inhalieren und diese Freude wieder zu versprühen. Sie sind da, um nach Ihrem Potenzial Ihr Leben zu gestalten, denn Sie tragen diesen göttlichen Funken in sich, der nur darauf wartet, endlich entzündet zu werden. Es geht in Ihrem Leben nur um eines: um Ihr Glück.

Fragen Sie sich einmal, ob Sie Ihr Potenzial kennen, nähren, aufblühen lassen. Denken Sie einmal darüber nach, ob Sie ihm Raum geben, sich mit dem Quantenfeld zu verbinden. Sobald Sie Aufgaben erledigen, die Ihrem Potenzial entsprechen, tauchen Sie in diese Aufgaben ein, werden unabhängig von Raum und Zeit und Ihre Kraft scheint grenzenlos. Weil die Aufgabe Sie mit reiner Freude erfüllt. Weil die Energie vom Herzen her strahlt und diese Energie auf der positiven, lebensbejahenden Seite des Quantenfeldes andockt und sich dort vervielfältigt, sodass Sie auch andere Menschen mit in dieses Glück reißen. Genies arbeiten in dieser Weise. Indem sie wissen, wo ihre Stärke, ihre Kraft, ihr Eigensinn liegt und indem sie nicht müde werden, daran zu feilen, gelingt ihnen der Erfolg, der jedes Ego übertrumpft, denn dieser Erfolg entspringt dem Herzen. In allen Religionen dieser Welt werden Menschen aufgefordert, das Leben nicht als Sorge zu betrachten. Die Bibel geht sogar noch weiter. Sie fordert auf, dem Herzen zu folgen, wenn sie schreibt: „Denn wo dein Schatz ist, da ist auch dein Herz."[13]

▶ Was erwarten Sie in den vier Lebensbereichen? Formulieren Sie Ihre Erwartung klar, positiv und intensiv. Erleben Sie den Wunsch mit allen Sinnen. Geben Sie diesem Wunsch eine Haptik, einen Geruch, einen Geschmack. Wie klingt er, welche Farbe, welche Verzierung, welche Kontur hat er? Dann senden Sie diesen Wunsch, getragen von den Lichtgefühlen des Herzens, ins Universum ab.

Während Ihr Verstand analysiert, die Lösungen aus dem bereits Erlebten und Erfahrenen zusammensetzt, geht Ihr Herz einen anderen Weg. Seine Antworten sind emotional, nicht immer auf den ersten Blick zu entschlüsseln. Es kann sein, dass Sie leise Impulse erhalten oder dass Sie von einer unerwarteten Seite Unterstützung erfahren. Ich bin versucht zu sagen: Die

Phantasie Ihres Gehirns reicht kaum aus, sich vorzustellen, wie nuancenreich das Herz antwortet. Auch deshalb ziehe ich die Herzarbeit den Mentaltechniken vor. Denn Ihr Herz fügt Wünsche, die Sie konkret und intensiv empfinden, augenblicklich Ihrer Energiesignatur hinzu. Es gibt dann keine Trennung mehr zwischen Wunsch und Wirklichkeit. Sie aktivieren Ihre Sinne, Ihr Feingefühl für das, was Ihnen am Herzen liegt. Mit diesem Wissen um die Herzarbeit werden Krisen gemildert. Wer weiß, was Ihnen das Leben sagen wollte, vielleicht werden Sie später einmal, wenn sich alles in einem Gesamtbild fügt, den Zweck Ihrer aktuellen misslichen Lage erkennen. Im Moment aber sollten Sie sich von den Problemen abwenden, sollten Sie Ihre vier Lebensbereiche mit Lichtgefühlen stärken.

Wir werden uns in den folgenden Kapiteln mit den einzelnen Quadranten beschäftigen.

Übung

Die Quadranten nähren

Mit dieser Meditation übernimmst du Verantwortung für das, was ist. Du flüchtest nicht ins Außen, gehst nicht in eine Opferrolle. Du veränderst mit der Kraft deines Herzens die Situation und stärkst deine Quadranten durch eine erhöhte Energiesignatur.

Vorbereitung der Meditation

Wähle einen Quadranten aus, in dem du mehr Glück und Stabilität erleben willst.

Schreibe drei Emotionen auf, die diesen Quadranten aktuell belasten, zum Beispiel: Wut, Ohnmacht, Schmerz.

Atme tief durch und lege die Hand sanft auf dein Herz.

Frage dein Herz: „Was, mein Herz, möchtest du in diesem Quadranten fühlen?"

Nimm die Antwort des Herzens oder das Herzgefühl wahr.

Nun schreibe die Emotion auf, die aus deinem Herzen kommt.

Bleib während der folgenden Meditation aufmerksam bei deiner Herzemotion.

In die Meditation gehen

Setze dich bequem, mit geradem Rücken auf einen Stuhl. Gerne kannst du die Lehne als Stütze nutzen.

Gehe mit der Aufmerksamkeit zu deinen Füßen.
Spüre, wie die Fußsohlen flach auf dem Boden stehen.

Der Boden trägt dich.

Gehe mit deiner Aufmerksamkeit zum Becken.

Spüre, ob sich das Becken für dich gut anfühlt. Nimm die Freiheit wahr, die das Becken im Raum hat.

Gehe mit deiner Aufmerksamkeit zu deinen Schultern.
Spüre, ob sich der Schultergürtel für dich gut anfühlt. Nimm die Freiheit wahr, die deine Schultern im Raum haben.

Lege die Hände entspannt auf deine Oberschenkel. Öffne die Handflächen nach oben.

Den Rhythmus des Herzens spüren

Schließe deine Augen und richte innerlich deine Aufmerksamkeit auf dein Herz. Lege eine Hand flach auf dein Herz. Spüre, wie deine Hand entspannt auf deinem Herzen ruht.

Genieße diese ganz persönliche Berührung und erlaube dir, dich weiter zu entspannen. Atme langsam und sanft, zähle beim Einatmen bis vier und beim Ausatmen bis sechs.

Verweile mit deiner Aufmerksamkeit in dieser Entspannung. So wie du atmest, so ist es gut.

Liebe fließt in deine Lebensquadranten

Nimm das Wort der Herzemotionen, das du aufgeschrieben hast, in dein Herz und atme in dein Herzzentrum in das Wort ein und aus.

Möchtest du in deinem Beziehungsquadranten glücklich sein, dann nimm das Wort Glück in dein Herz und atme langsam und sanft in das Wort Glück im Herzen ein und aus.

Atme ein und aus, bis du ein wunderbares Gefühl von Glück in deinem Herz- und Brustraum fühlst.

Atme entspannt weiter in dein Wort ein und aus, gib dich ihm ganz hin.

Nimm das warme Gefühl wahr, das in der Mitte der Brust entsteht, das wie aus einer Quelle sprudelt und sich vermehrt.

Forciere nichts, gib dich nur dem Gefühl des Glücks hin und spüre, wie es von der Mitte deines Herzzentrums in deinen gesamten Körper fließt.

Lass dich von Glück durchströmen. Vertraue darauf, dass es den Lebensquadranten nährt, der nach diesem Glück verlangt.

Das Herz entscheidet und du gibst dich ihm hin.

Atme weiter ein und aus, atme in das Wort und halte noch für einige Atemzüge deine Aufmerksamkeit auf deinem Glück.

Die Meditation für Lichtgefühle eignet sich, um dem Tag einen Segen vorauszuwerfen, um die Aufmerksamkeit dorthin zu lenken, wo die Energie fließen soll.

Literatur Kapitel 6

11 Quelle: http://www.arm-und-reich.de/internationaler-vergleich/armut.html (Zugriff am 15.11.2018).

12 Schmid, Wilhelm: „Selbstfreundschaft. Wie das Leben leichter wird". Berlin: Insel, 2018.

13 Bibel, Matthäus 6,21.

Kapitel 7

Quadrant 1 – Lebendige Beziehungen gestalten

Es gibt viele Formen von Liebe: die vorbehaltlose Liebe zu Ihren Kindern, die romantische Liebe zum Partner, die verlässliche zu Freunden, die Liebe zu den Aufgaben im Beruf, zum Hobby, zur Natur, die Liebe im Moment der vollkommenen Ruhe in sich selbst, wenn eine tiefe Dankbarkeit entsteht für das eigene Sein. Diese reinste Form ist die Selbstliebe, denn sie entspringt Ihrem Herzen und leuchtet Ihrem Schicksal voraus.

Selbstliebe bedeutet, den göttlichen Funken in sich zu spüren, sich zu erkennen als lichtvolles Wesen, das sich bedingungslos annimmt und nachhaltige Spuren im Leben setzt. Vielleicht zögern Sie hier und fragen sich, ob eine solche Hingabe an sich selbst eher einem Narzissmus ähnelt als einem erstrebenswerten Verhalten. Ganz und gar nicht! Selbstliebende Menschen geben anderen einen Raum, damit auch sie strahlen können. Zudem sind sie darauf bedacht, mit ihrem Tun einen Beitrag für eine gute Welt zu leisten. Nicht so der Narzisst. Er denkt, kein anderer sei seiner würdig, keine Aufgabe gelte für ihn, die nicht zu seinem Vorteil wäre. Ein Narzisst jagt einer Illusion von sich selbst hinterher, er füttert sich mit Äußerlichkeiten und ist nicht fähig, aus sich selbst heraus aufzublühen. Er will im Außen beeindrucken und bleibt im Inneren ein armseliger Suchender.

Die Mythologie erzählt uns von dem schönen Narziss, dem Sohn des Flussgottes Kephissos und der Nymphe Leiriope. Narziss verschmähte Männer und Frauen in seiner Nähe, ließ deren Flehen um Beachtung mit dem Wind verwehen. Wo immer er auftauchte, gab es gebrochene Herzen, denn Narziss war nicht durchlässig für die Gefühle der anderen. Er konnte keine Zuwendung geben. Ihn trieb einzig das Verlangen an, irgendwo jemanden zu finden, der ihm ebenbürtig wäre. So lief er durch die griechische Welt, verärgerte Menschen und Götter mit seiner überzogenen Selbstsucht. Bis Narziss eines Tages auf eine Wasseroberfläche blickte – und voller Bewunderung darin einen Jüngling entdeckte. Endlich jemand, der schön war wie er. Er verliebte sich auf der Stelle in dieses Wasserbild, das ihm spiegelte, wonach er zeitlebens suchte. Narziss griff in das Wasser, wollte umarmen, was er sah, zu sich ziehen, was ihn beeindruckte. Endlich eine erfüllende Liebe, versteckt auf dem Wassergrund, dachte er. – Wahrscheinlich beugte sich Narziss zu tief in diese Illusion hinein und ertrank in seinem Liebestaumel. Und die Moral der Mythologie? Narzissten jagen einem erfüllten Leben im Außen hinterher. Sie fordern Bewunderung, sind aber nicht fähig, dankbar zu sein für das, was ist. Sie leiden unter einer Inkohärenz, weil ihr Ego das Kommando im Alltag übernimmt, weil sie ihre Herzemotionen nicht spüren. Reine Selbstliebe hingegen ist im Herzen verankert. Sie ist nicht gierig, nicht unersättlich, sie ist das gute Gefühl, sich selbst ein Leben lang der beste Freund zu sein.

Lange Zeit hat man Narzissmus mit Selbstliebe gleichgesetzt. Vielleicht war das der größte Fehler, weil nichts die Freiheit eines Menschen mehr einengt als eine fehlende Selbstliebe. Denn sie ist die Grundlage, um sich nach seinem Potenzial zu entfalten und in sich eine starke, unerschütterliche Mitte zu bauen, damit Sie nie, niemals sich selbst verlieren können, egal wie schwierig Ihre aktuellen Umstände sind. Ob Ihr Job gekündigt wird, ob sich der Ehepartner scheiden lässt oder Sie eine ungünstige medizinische Diagnose erhalten, Sie werden sich selbst halten können, gesunden können, wenn Sie die Liebe zu sich selbst nicht in Frage stellen. Sie sind auf dieser Welt, um der Beste zu werden, der Sie sein können. Und das wird erst möglich, wenn Sie sich selbst mit den Lichtgefühlen Ihres Herzens begegnen.

▶ Die Erkenntnisse der modernen Psychologie zeigen, dass Menschen umso mehr Liebe erfahren, umso mehr Glück, Erfolg, Reichtum genießen, je mehr sie sich selbst wertschätzen. Glückliche Menschen mit stabilen Säulen aus Beziehungen, Gesundheit, Beruf und finanzieller Freiheit, die tragen eine kristallklare Selbstliebe in ihrem Herzen.

Wenn ich Sie am Ende dieses Kapitels zu einem Spiegelgespräch mit sich selbst ermuntere, dann geschieht das aus einem einzigen Grund: Ich möchte jenen göttlichen Funken in Ihnen wieder wecken, der mit den Jahren wahrscheinlich verglimmt ist. Zu oft hetzen wir durch den Alltag, erledigen, was wir als Pflicht ansehen. Wir erschöpfen uns an den Aufgaben und nehmen nicht mehr den vollkommenen Moment wahr, der uns mit dem Universum verbindet. Dieser Moment aber zeigt uns, was unsere Freiheit ist. Er lässt uns das Leben wieder von einer spirituellen Seite betrachten, indem er uns spiegelt, wie wertvoll und einzigartig wir sind. Mit dieser Einsicht beginnen die Freude, die Leichtigkeit und das Verändern einer für uns nicht stimmigen Frequenz.

Die Crux mit dem Ego

Sollten Sie sich gestresst, niedergeschlagen und sorgenvoll fühlen, sollten Sie mit Konflikten im Außen kämpfen und langsam den Glauben an sich selbst verlieren, dann, so vermute ich, ist es einige Zeit her, seit Sie in einer spirituellen Weise in Ihr Herz gegangen sind. Sie waren im Außen. Sie haben versucht zu regeln, was andere erwarten. Sie hechelten zunehmend dem

Lob der anderen hinterher. Damit haben Sie sich von sich selbst entfernt, und nichts ist unbefriedigender als dieser Zustand.

Das Verlassen Ihrer Urspur, der angeborenen Glücksspur in Ihrem Leben, das Agieren außerhalb Ihrer Mitte, wirkt wie Gift auf Ihr Herz. Es gerät aus dem Takt. Verzweifelt versucht es, gegen die Inkohärenz zu wirken, die entsteht, wenn Sie nicht mit einem Wohlgefühl im Moment verankert sind. Damit beginnt das Bröckeln des ersten Quadranten.

Wahrscheinlich haben auch Sie schon als Kind gelernt, dass Sie Liebe erhalten, wenn Sie Leistung bringen, dass Sie erst Ihre Aufgaben erfüllen müssen, bevor der Lohn erfolgt. In der Ehe, der Freundschaft, im Beruf gilt die Auffassung: Erst das Geben, dann das Nehmen. Erst die Arbeit, dann das Gehalt. Erst die Pflicht, dann das Vergnügen. Erst die Liebes- und Freundschaftsbeweise an die anderen gerichtet, bevor sie uns selbst zuteilwerden. Liebe und Aufmerksamkeit werden zum Tauschgeschäft, und es passiert schnell, dass wir atemlos werden. Die Herzgefühle werden verschleudert für den kleinen Preis eines Lobes, sie werden inflationär nach außen gerichtet, dorthin, wo sie ungefähr so schnell verpuffen wie der Knall eines Feuerwerkskörpers am Abendhimmel. Ein leichter Sternenhagel vor dem schnellen Verglimmen. Sie bleiben enttäuscht zurück, weil Sie sich für Ihre Anstrengung mehr erwartet haben: mehr Nachhaltigkeit, mehr Profilierung, mehr Wertschätzung. Die Wahrheit aber ist: Je mehr Sie geben, je mehr Sie fremde Wünsche erfüllen, desto mehr wird von Ihnen erwartet – und desto drängender wird Ihr Ego.

Ihr Ego ist unersättlich in seinem Verlangen nach Anerkennung. Es ist bereit, alles dafür zu tun, selbst wenn es mit einem Verbiegen des Charakters einhergeht. Innere Harmonie interessiert Ihr Ego nicht, im Außen vielmehr ist sein Wirkungskreis. Dort will es sich in einen Applaus hinein verbeugen, denn daraus nährt es seine Existenz. Aber Achtung. Wenn Sie Ihrem Ego zu viel Raum geben, dann kann es sein, dass Sie in einer übersteigerten Form der Ichbezogenheit landen. Das hat nichts mit Selbstliebe zu tun, nichts mit Hingabe an die eigenen Stärken. Vor dieser Selbstsucht verschließt sich das Herz, weil diese Sucht seiner natürlichen Aufgabe zuwiderläuft, die in Ordnung und lebenserhaltenden Aufgaben besteht und darüber hinaus in purer Liebe ohne Bedingungen. Missklänge in Geist, Körper und Seele sind die Folge. Die Erschöpfung ist vorprogrammiert und der Mangel an Zeit und Kraft ebenso. Ich schätze, wenn Sie die Bilanz Ihrer Sprints um die Gunst der anderen in einer ruhigen Stunde betrachten, dann werden Sie enttäuscht sein. Auf der Haben-Seite gibt es keinen beeindruckenden Gewinn. Die Crux ist nur: Einmal auf der Außenspur angekommen, werden Sie schneller laufen, werden noch mehr von Ihrer Kraft verschleudern, weil Sie sich sagen: „Ich habe zu lange und zu viel riskiert, um nun aufzugeben. Zu viel Entbehrung. Zu viel Planung. Zu viel Anstrengung auf dem Weg zum Erfolg." Diese Argumente sind falsch, denn Sie werden damit zum Getriebenen. Sie verlieren den Moment, pflücken das Leben nicht, sondern rasen an ihm vorbei. Bitte bedenken Sie: Wie Sie mit sich selbst umgehen, so werden es auch die anderen tun.

Liebe bedeutet für das Ego, im Außen zu glänzen. Selbst wenn dafür eine Zeitlang die eigenen Werte in den Hintergrund treten müssen, es ist bereit, sich zu verbiegen, bis die anderen ihm anerkennend auf die Schulter klopfen und sagen: „Klasse, du gefällst mir." Der Preis für solche Worte ist hoch: Das Herz verweigert sich. Inkohärenz entsteht und damit Stress. Dass ein Burnout oftmals engagierte Macher trifft, die für ihre Aufgaben brennen, das ist kein Schicksal. Das ist selbstgemacht. Statt sich Pausen zu gönnen, im Moment stehen zu bleiben, die Aufmerksamkeit nach innen zu richten und sich zu fragen, ob das gesamte Tun mehr der Leistung als der Selbstliebe geschuldet ist, sind sie höher, schneller, weiter vorangerast, bis irgendwann das Herz erschöpft war. Die äußeren Ansprüche deckten sich nicht mit den inneren Werten. Wenn das der Fall ist, verändert sich die neuronale Struktur des Herzens, die Traurigkeit steigt an. Denken Sie einmal nach: Wann haben Sie das letzte Mal

Ihrem Herzen gelauscht? Wann haben Sie sich das letzte Mal gefragt, ob das, was Sie tun, Ihrem Potenzial entspringt? Sich diese Fragen zu stellen, bedarf nur eines Momentes im Hier und Jetzt.

Übung

Den Moment festhalten

Schau jetzt, in diesem Moment, in Liebe auf dich selbst.

Komm in die Ruhe.

Lass alles los.

Es gibt keine Aufgabe, die dringlich ist.

Es gibt keinen Gedanken, der dich vorantreibt.

Du hältst inne. Du atmest drei Mal ein und aus, denn so lange dauert der vollkommene Moment. Du berührst sanft mit der Hand dein Herz.

Du beobachtest, wie sich deine Situation im Hier und Jetzt anfühlt.

Du wertest nicht.

Du forcierst nichts.

Du beobachtest nur und atmest weiter. Du nimmst wahr, was ist, ohne es zu verändern, und atmest weiter in dein Herz.

▶ Bleib Sie mit dem Atem in deinem Herzen und vertraue darauf, dass dein Herz dir die Inspiration sendet, wie du dein Leben wieder leichter, liebevoller, gesünder gestalten kannst.

Der Urweg des persönlichen Glücks

Um den ersten Quadranten der lebendigen Beziehungen zu stärken, benötigen Sie zunächst eine dicke Portion Selbstliebe. Die Zutaten sind Dankbarkeit, Zuversicht, Wertschätzung, Freude am Sein, Respekt vor der Natur und Wohlwollen für andere. Klingt gut? Ja, dieses Rezept beschreibt jene Energie, die glückliche Menschen ihre eigene nennen.

Wenn Sie es mit Hilfe Ihrer neuronalen Botenstoffe mixen, dann gibt es keine geistigen und körperlichen Störungen mehr; nichts, was Ihnen von außen schädlich sein könnte, wird je Ihre Selbstliebe ankratzen können. Sie wehren Gefahren, Angriffe, Trennung und Mangel ab. Sie bleiben, egal was geschieht, in einer kohärenten Weise mit sich selbst verbunden. Wie Sie sich selbst begegnen, wie Sie sich selbst lieben und wertschätzen, so strahlt Ihre elektromagnetische Energie. Es liegt an Ihnen, diesen ersten Quadranten noch lichtvoller, noch intensiver zu formen!

Charismatische Menschen werden nicht müde, diese Fragen ihrem Herzen zu stellen, denn sie wissen, dass die Antwort von Selbstliebe getragen wird. Sie nehmen diese Antwort an, weil sie augenblicklich ihre elektromagnetische Energie verändert. Charismatische Menschen strahlen aus, was ihrem Potenzial entspricht. Sie lassen sich nicht einnehmen von den Zielen der anderen. Sie bleiben sich selbst treu und sind bereit, in dem vollkommenen Moment jene kleinen Korrekturen zu erfahren, die nötig sind, um die Kohärenz in sich nicht zu gefährden. In einer beeindruckenden Gelassenheit gehen sie ihren Weg im Leben, und ihre Herzgefühle werfen den Lichtstrahl voraus.

Wenn ich Ihnen nun sage, dass auch Sie Ihr Charisma wiederbeleben können, dann ist das eine spirituelle Wahrheit. Denn es bedeutet, den göttlichen Funken wieder aufflammen zu lassen. Sie können zu jeder Zeit in Ihr Herz gehen, um sich zu fragen, welche Gaben Ihnen mit der Geburt geschenkt wurden und wie Sie diese Gaben für sich selbst und andere in einer lebendigen, mitreißenden Art einsetzen können. Ich habe oft erfahren, dass das Besinnen auf die eigenen Gaben und Stärken das Ende von Krisen, Trennung und Einsamkeit war. In einem Moment, drei Atemzüge lang, können sich körperliche und seelische Schwächen auflösen. Dann entstehen mit dem wertschätzenden Blick auf sich selbst völlig neue Ideen von einem guten Lebensweg. Sie benötigen dazu keine langjährige Therapie, wenn Sie nicht existenziell bedroht sind. Auch halte ich wenig von Sätzen wie: „Ohne Krise gibt es keinen Erfolg." Oder: „Ohne Niederlagen gibt es kein persönliches Wachsen." Oder: „Vor einer Liebe steht die Einsamkeit." Das sind für mich Plattitüden. Inhaltslose Floskeln, weil Sie weder erwiesen noch sinnvoll sind. Solche Sätze halten Menschen von Ihrem seit der Geburt vorgezeichneten Urweg des Glücks fern. Sie verzögern Liebe, Gesundheit, Reichtum, Erfolg.

Sie sind nicht geboren, um zu leiden. Sie sind geboren, um aus einem Füllhorn an Liebe und Reichtum zu schöpfen!

Glück ist ansteckend

Regina, eine Frau von fünfzig Jahren, hat ein Einzelcoaching in meinem Zentrum für Ausgleich gebucht. Nach einem ersten langen Telefongespräch sitzen wir Schulter an Schulter im Raum. Ich wähle diese Haltung, weil sie zum einen den Schulterschluss zeigt, zum anderen die Herzenergie nicht verstellt. In einer frontalen Haltung würde diese Herzenergie nicht frei fließen können. Regina schweigt. Wir sehen beide durch das Fenster vor uns. Die Lichtstrahlen finden in den Raum, flimmern über den Boden, scheinen auf dem Teppich zu tanzen, bevor sie darin versinken. Regina sieht den Lichtstrahlen zu, dann hebt sie den Kopf und lässt den Blick durch das Fenster in die Ferne schweifen. Ich warte, unterbreche die Ruhe nicht. Irgendwann sagt sie: „Ich habe eine ständige Traurigkeit in mir. Und dabei wäre ich gerne glücklich, aber ich weiß nicht mehr, was Glück ist. Ich habe einen Job, verdiene gut, ich bin gesund – und doch bin ich traurig. Mir scheint, alle Menschen um mich herum sind es auch." Ihr Gesicht ist voller Sorgenfalten. Und ich stelle mir vor, wie hübsch sie wäre, wenn sich diese Falten glätten würden, weil sie lächelte, weil sie dankbar wäre. Sie habe das Lachen verlernt und vielleicht sogar ihre Lebhaftigkeit. „Privat habe ich schon lange keine Freunde mehr. Mir fehlt die Zeit dazu. Wenn ich es recht überlege, dann bin ich einsam. Mittlerweile sind die Kinder aus dem Haus und mein Mann spricht von Trennung. Ich kann ihn sogar verstehen, wenn ich mich ansehe. Früher war ich ein Wirbelwind, heute bin ich nur noch traurig. Ich habe sogar Angst, dass ich im Job nachlasse, dabei ist der Job das Einzige, woran ich mich noch festhalten kann." Regina sagt das mit belegter Stimme, nur mit Mühe hält sie die Tränen zurück. „Was kann ich tun?"

Wie Regina fühlen viele Menschen, besonders in der Lebensmitte. Sie haben eine beachtliche Karriere hingelegt, eine Familie gegründet, es zu Wohlstand gebracht. Sie könnten zufrieden sein. Sie sind es nicht, denn sie haben die Verbindung zu ihrem Herzen verloren. Sie haben sich viele Jahre eingelassen auf einen Karriereplan, gehofft auf Anerkennung und auf Respekt. Sie haben durchgehalten, sind nach Niederlagen wieder aufgestanden und weitergelaufen. Leistung erzeugt Anerkennung, war ihr Glaubenssatz und ist es bis heute. Äußerlich stehen sie wie ein Sieger da. Innerlich nagt der Zweifel, ob das alles sein kann im Leben, ob es nicht doch noch etwas gibt, was zu einer anderen Art von Erfolg und Reichtum führt. Dieser Zweifel ist berechtigt.

Ich merke, wie die digital beschleunigte Zeit und auch die verkürzte Kommunikation der Menschen im Alltag ihren Tribut fordern. Es bleibt kein Raum mehr für Herzensbegegnungen. Menschen funktionieren. Sie trainieren ihre Aufgaben, aber nicht mehr das bewusste Erleben eines Momentes. Sie rasen quasi dem eigenen Leben davon. So wirkte auch Regina. Ich empfahl ihr die Übung, zu der ich auch Sie am Kapitelende anleite, und wir verabredeten uns wenige Wochen später wieder.

Zwei Wochen nach dem Erstgespräch haben wir uns wieder getroffen. Das Erste, was sie sagt, als sie den Raum wieder betritt, ist Folgendes: „Es ist phantastisch, wie gelassen ich mich fühle. Und noch etwas: Nicht nur mir geht es besser, auch die Menschen um mich herum strahlen plötzlich wieder. Wie kann das sein?" Sie lacht mich an und ich bin sofort im Bann ihrer Freude.

„Mit dem täglichen Eintauchen in den vollkommenen Moment haben Sie sich wieder wertgeschätzt. Das hat ihre Herzsignatur verändert." „Was genau meinen Sie?"

„Ich meine: Glück ist ansteckend."

Die Quantentheorie lehrt uns, dass das Prinzip des Quantenfeldes in Harmonie und Ordnung besteht und in einem ständigen, liebevollen Austausch mit sich selbst. Wir sind die Schöpfer unseres Glücks. Nur vergessen wir diese Fähigkeit; wenn es im Außen zu laut und hektisch zugeht, dann wird die Stimme des Herzens übertönt. Momente werden überrannt, als hätten sie keine Bedeutung, vor allem werden sie zur Seite geschoben, wenn etwas nicht perfekt läuft im Leben. Ich halte nichts davon, weil ignorierte Probleme auf dem Herzensgrund schwer und schwerer werden. Das begründet unsere Traurigkeit. Besser ist es, den Moment, ob er gut oder schlecht ist, anzunehmen, ihn nicht zu bewerten. Nicht zerren, nicht zerreden. Ungute Situationen auszuhalten kann heilsam sein. Sich nach innen richten. Das Herz berühren. Durchlässig sein für den eigenen Atem. Sich dem Moment hingeben. Wärme empfinden. Licht sehen. Schwingung wahrnehmen. Den liebevollen, neutralen Beobachter bitten, einmal genau hinzusehen, was schwer wiegt. Weiteratmen. Bleiben im Moment. Sich wieder begegnen. Dankbar sein für jeden Schlag des Herzens. „Danke, dass ich bin, wie ich bin, denn so bin ich gut."

▶ Ein solcher Moment kann alles verändern. Er kann die Kruste aus Eitelkeiten und Erfolgsstreben aufplatzen lassen, damit wieder die lichtvolle elektromagnetische Energie aufsteigt, sich verbindet mit einer für Sie stimmigen Energie im Universum. Dann können Sie Antworten empfangen als Farben, Möglichkeiten, als Intuitionen, von denen Sie nicht ahnten, dass es sie gibt. Ein Moment, ohne Grenzen und ohne innere Beschränkungen, kann einem ganzen Leben eine andere Richtung geben, eine Richtung, die besser für Sie ist als alles, was Sie zuvor erlebten. Sobald Sie sich selbst zum Mittelpunkt dieses Momentes küren und sich mit all Ihrer seelischen und mentalen Kraft eine Wertschätzung entgegenbringen, verändern Sie Ihre Signatur im ersten Quadranten.

Ein starkes Duo: Wertschätzung und Selbstliebe

Wer sich selbst nicht wertschätzt, schätzt auch andere nicht wert. Wer sich selbst nicht liebt, wird nicht fähig sein, Liebe zu geben. Diese Gleichung ist universell. Sie gilt für jeden Menschen, unabhängig von Alter, Geschlecht und Bildung, unabhängig von Nationen. Sie ist das Grundgesetz des Universums. Wer Wertschätzung und Selbstliebe vernachlässigt, der landet im Mangel an Beziehungen, Gesundheit, Erfolgen und Geld. Und damit drängt sich die Frage auf: Warum wenden wir nicht täglich Zeit dafür auf, an diesen Kostbarkeiten zu polieren?

Die sieben Aspekte der Wertschätzung:

1. Wertschätzen Sie Ihre Stärken *und* Ihre Schwächen, Ihr Aussehen, Ihre Sprache, Ihre Bewegung. Sagen Sie sich, indem Sie Ihr Herz berühren: „So wie ich bin, nehme ich mich an."

2. Werden Sie sensibel für die kleinen, positiven Gesten der anderen, die jenseits einer erbrachten Leistung erfolgen. Solche liebevollen Details nähren Ihren ersten Quadranten.

3. Wertschätzung für sich selbst erzeugt auch Wertschätzung für andere. Achten Sie darauf, welchen Menschen Sie Wertschätzung entgegenbringen.

4. So wie es Ihnen guttut, bedingungslos geliebt zu werden, so freuen sich auch andere Menschen in Ihrem Umfeld über Zuwendung und Wohlwollen. Fassen Sie es in Worte, wenn Sie Menschen wegen ihres Wesens mögen.

5. Wertschätzung und Dankbarkeit sind aus einem Stoff gewebt. Seien Sie dankbar für Ihr Sein, seien Sie dankbar für Ihr Leben, und bereits in diesem Moment wird sich Ihr erster Quadrant für lebendige Beziehungen festigen.

6. Drücken Sie diese Dankbarkeit in Worten, Gesten, in Taten aus. Leben Sie, was Sie fühlen. Zeigen Sie, in welcher Intensität Sie „Ja" zu Ihrem Leben sagen.

7. Nehmen Sie ehrliche Wertschätzung der anderen als Zeichen dafür, dass Sie ein Mensch sind, der geliebt und geachtet wird, der an der richtigen Stelle auf dem weiten Feld der Möglichkeiten steht.

Die 7 Aspekte der Wertschätzung

© Isabelle Schumacher, Ausgleich GmbH (nach Katrin Stamm, https://heartify.life)

▶ Erst wenn Sie mit Ihrem Herzen verbunden sind, wenn Sie sich selbst akzeptieren und lieben, wenn Sie Dankbarkeit für Ihr Leben empfinden, dann können Sie auch im Außen lebendige Beziehungen erfahren.

Die Kraft im Jetzt

Wie würde es sich anfühlen, *jetzt* glücklich zu sein, *jetzt* gesund, zuversichtlich, geliebt zu sein, das *Jetzt* zu erleben als einen Moment, der der Beginn einer guten Zeit ist? Wie wäre es, Sie würden Sorgen und Nöte, die Malaise Ihres Alltags hinter sich lassen, sich umdrehen und in eine lichtvolle Zukunft blicken? Sie entscheiden, ob Ihre elektromagnetische Energie diese Aspekte ausstrahlt und wieder anzieht. Denn Ihre Energie besteht in dem Licht, das Sie selbst formen.

Wie die Photonen, also die kleinsten Teilchen des Lichts, Ihre mehr als 50 Billionen Zellen beeinflussen, hängt von Ihrer Energie und damit von Ihren Emotionen ab. Photonen beeinflussen Ihre Zellen, Ihre DNA, Ihre Gesundheit, Ihr gesamtes Wirken im Leben. Sie erinnern sich? Die Kommunikation der Zellen in Ihrem Körper findet über Photonenfelder statt. Dort entstehen Energien und Impulse, dort entscheidet sich die Frequenz, in der Sie schwingen. Wenn wir diese Tatsache im Sinne der Quantenphysik reflektieren, dann bedeutet das für Ihr Schicksal, dass Sie dafür verantwortlich sind, wie sich Ihre Energie zusammenfügt, denn Sie nähren Ihre Zellen, kein anderer wird je dazu in der Lage sein. Diese Selbstverantwortung gibt Ihnen die Freiheit zu entscheiden: Wie will ich leben? Was fühlt sich für mich stimmig an? Sobald Sie für ein warmes, wohlgesonnenes Umfeld in Ihren Zellen sorgen, verändert sich das Zusammenspiel der Photonen, und zwar schneller als die Echtzeit es zu ändern vermag, denn Photonen reagieren in der Geschwindigkeit des Lichtes.

Deshalb ist für mich das Eintauchen in den vollkommenen Moment, das Spüren einer tiefen, unerschütterlichen Selbstliebe, die Essenz für alles, was Sie sich im Leben wünschen. Sie atmen Liebe aus und Liebe ein, Sie wertschätzen das Geschenk des Lebens und Ihren Körper, Ihren Geist, Ihre Seele, mit denen Sie sich durch dieses Leben bewegen. Von einem Atemzug zum anderen können Sie diese Verbeugung vor dem Leben ausführen und Ihrer Liebe zu sich selbst mit dem Einatmen und Ihrer Liebe für die anderen Menschen mit dem Ausatmen einen Ausdruck geben. So funktioniert das Gesetz der Anziehung: Was Sie ausatmen, atmen Sie wieder ein. Wohin Sie die Aufmerksamkeit richten, da entsteht die Energie.

Übung

Der vollkommene Moment

Lass deine Gedanken los.

In deinem Kopf ist eine Leere, nichts regt dich auf, nichts ist wichtig außer diesem einen Moment, in dem du verweilst.

Schließ deine Augen.

Lege deine Hände auf dein Herz und sende deine Aufmerksamkeit auf die Handinnenflächen.

Lass keine Gedanken zu, atme in die Handinnenflächen.

Dehne deine Aufmerksamkeit nun auf dein Herzzentrum aus.

Atme in dein Herz. Zähle bis vier, wenn du einatmest, zähle bis sechs, wenn du ausatmest. Halte diesen Rhythmus einige Atemzüge lang.

Erinnere dich nun an ein Glücksgefühl, das du einst hattest.

Lass dieses Glück von damals vor deinem dritten Auge nochmals erscheinen.

Lass dieses Glück von damals groß werden, farbig werden, fühle, schmecke, berühre, höre und sieh es. Nimm das Glück mit deinen Sinnen wahr.

Atme in das Glück hinein.

Nimm das Glück in dein Herz, indem du mit den Handinnenflächen sanft dein Herz berührst.

Füge deinem Glück die Herzemotion aus Liebe, Freude, Inspiration, Zuversicht, Wertschätzung, Dankbarkeit hinzu.

Atme weiter, bis du eine Wärme im Herzen empfindest, und dann lass los, gib das Glück ins Universum. Es wird um ein Vielfaches erhöht zu dir zurückkommen.

Atme mit diesem Wissen weiter ein und aus.

Bleibe präsent in diesem vollkommenen Moment.

Was immer Ihnen bislang widerfahren ist, ob Strenge in der Kindheit oder versagte Chancen im Beruf, ob eine fehlende Partnerschaft oder aktuell Sorgen und Krankheit, Sie haben an jedem einzelnen Tag die Möglichkeit, sich einen Moment herauszugreifen, ihn festzuhalten und sich zu sagen: Das ist mein *Jetzt*, mein Punkt, das Leben zu verändern. Das ist mein *Jetzt*, mein Punkt, an dem ich mir in einer liebevollen Weise selbst begegne, an dem ich ändere, was mich bedürftig hält.

Zelebrieren Sie diesen Moment. Halten Sie eine brennende Kerze vor die Wand und wundern Sie sich, dass die Flamme keinen Schatten wirft. In dieser Weise legen auch Sie symbolisch die Schatten der Vergangenheit ab und rufen sich eine Szene aus Ihrem Leben in Erinnerung, in der Sie wirklich glücklich waren. Atmen Sie in dieses Glücksgefühl hinein, erlauben Sie diesem Gefühl, die Gedanken hell zu färben, so dass Ihre neuronale Mixtur aus Endorphinen besteht, und zwar in solch hoher Konzentration, dass jeglicher Stress von Ihnen abfällt, weil sich die Photonen neu ordnen und die Zellen in einer anderen, einer liebevollen Weise miteinander kommunizieren. Gefühle bestehen in energetischen Ladungen, sie erzeugen eine Spannung in unserem Körper und wirken auf die sensiblen Rhythmen unserer Systeme bis in die Zellen hinein. Sich das bewusst zu machen und gleichsam zu nutzen für eine Veränderung, das halte ich für einen Königsweg zum guten Leben. Und ich halte es für eine bahnbrechende Erkenntnis, dass unabhängig von bisher erfahrenem Leid diese Beeinflussung des Seins möglich ist.

Natürlich haben Menschen, die eine behütete, fördernde, liebevolle Kindheit verbrachten, eine einfachere Ausgangsposition, um Glück durch jede Lebensphase zu tragen. Sie haben den göttlichen Funken in sich früh entdecken dürfen. Aber auch für Sie, sollten Sie eine nicht ganz konfliktfreie Vergangenheit erlebt haben und auch heute als Erwachsener noch immer von Selbstzweifeln geplagt werden, ist es eine der schönsten Nachrichten, die ich Ihnen überbringen darf: Sie können verändern, was für Sie nicht stimmig ist! Solange Sie atmen, entscheiden Sie, wo Sie im Leben stehen wollen, was für Sie Glück bedeutet. Mit dem vollkommen präsenten Moment beginnt Ihre Zukunft. Nicht morgen, nicht übermorgen, nicht im nächsten Jahr. *Jetzt.* Zählen Sie bis drei! Atmen Sie ein und aus. Das ist das *Jetzt*. Es währt drei Sekunden, so lange dauert die Zeit der Gegenwart.

Bevor ich Sie durch die Meditation führe, will ich auf eine Formel bringen, wie Sie Ihren ersten Quadranten, die Selbstliebe, nähren können:

Der vollkommen präsente Moment + eine klare Intention + höhere Herzemotion = eine neue Energiesignatur.

Übung

Schau dir in die Augen – am Morgen und am Abend

Bevor du vor den Spiegel trittst, lass los von der Vorstellung, perfekt sein zu müssen. Du bist gut, wie du bist, auch mit den kleinen Makeln.

Am ersten Tag der Übung:

Stelle oder setze dich bequem vor einen Spiegel.

Schaue wie auf ein Porträt in dein ungeschminktes oder unrasiertes Gesicht.

Sage dir: „Ich gefalle mir ungewaschen, mit zerzaustem Haar, ungeschminkt oder unrasiert."

Betrachte dein Gesicht, deine Nase, deine Wangen, deine Ohren, deine Stirn, deinen Mund, dein Kinn, den Hals.

Welche Gedanken kommen und welche Gefühle steigen in dir hoch?

Was magst du besonders an deinem Gesicht – was magst du nicht?

Berühre die einzelnen Gesichtsstellen, wie fühlen sie sich an?

Welche Gesichtspartien sind weich, zart, welche sind rau? Beobachte, ohne zu bewerten.

Atme bewusst drei Mal tief ein und aus,
spüre dabei, wie die Atemluft durch deinen Körper strömt,
wie sich die Brust- und Bauchdecke wölbt und senkt.

Wende deinen Blick vom Spiegel, von deinem Gesicht ab.
Sieh auf deine Hände.

Lege nun eine Hand auf dein Brustbein, spüre, wie deine Hand entspannt auf der Brust aufliegt, und genieße diesen Moment der Berührung – fühle die Wärme, die sich unter deiner Hand ausdehnt.

Wende deinen Blick wieder zum Spiegel. Sieh dir in die Augen.

Lächle dir zu und nimm wahr, dass ein Lächeln über dein Gesicht huscht, halte das Lächeln fest, intensiviere es, sieh, wie deine Augen nun strahlen.

Sage laut zu dir selbst:
„Ich liebe mich, so wie ich bin."

Wenn du das nicht laut aussprechen kannst, dann sag es dir innerlich und leise mit deiner Herzstimme.

Wiederhole diesen Satz mit der Kraft deines Herzens fünf Mal.

Nimm wahr, was sich verändert. Bewerte nichts, nimm es nur wahr.

Am zweiten Tag:

Stelle dich vor einen Spiegel.

Betrachte dich ungeschminkt und nackt in einem Spiegel bei angenehmer Beleuchtung.

Sieh dich an, ohne zu bewerten.

Lass die Augen vom Kopf über die Schultern, die Brust, den Bauch, die Beine wandern.

Nimm wahr, was passiert.

Welche Gedanken, Gefühle und Körperempfindungen begleiten deinen Blick in den Spiegel?

Wie verändert sich deine Mimik, deine Haltung, dein Muskeltonus, dein Herzschlag?

Was magst du an dir, deinem Körper? Was magst du nicht an dir, deinem Körper? Halte den Blick auf dich gerichtet, auch wenn es dir zunächst unangenehm erscheinen mag. Sieh dich an.

Bewerte nichts – beobachte und lass alle Gefühle und Gedanken an dir vorbeiziehen.

Atme bewusst drei Mal tief ein und aus,
spüre dabei, wie die Atemluft durch deinen Körper strömt,
wie sich die Brust- und Bauchdecke wölbt und senkt.

Wende deinen Blick vom Spiegel, von deinem Gesicht ab.
Sieh auf deine Hände.

Lege nun eine Hand auf dein Brustbein, spüre, wie deine Hand entspannt auf der Brust aufliegt, und genieße diesen Moment der Berührung – fühle die Wärme, die sich unter deiner Hand ausdehnt.

Wende deinen Blick wieder zum Spiegel. Sieh dir in die Augen.

Lächle dir zu und nimm wahr, dass ein Lächeln über dein Gesicht huscht, halte das Lächeln fest, intensiviere es, sieh, wie deine Augen nun strahlen.

Sage laut zu dir selbst:
„Ich liebe mich, so wie ich bin."

Wenn du das nicht laut aussprechen kannst, dann sag es dir innerlich und leise mit deiner Herzstimme.

Wiederhole diesen Satz mit der Kraft deines Herzens fünf Mal. Nimm wahr, was sich verändert. Bewerte nichts, nimm es nur wahr.

Sag dir nun in einer wertschätzenden Weise, was du an dir liebst: zum Beispiel deinen Humor, deine Fröhlichkeit, dein Mitgefühl, deine Haare, deine ruhige Art, die Dinge zu betrachten, deine künstlerische Gabe, deine Schlagfertigkeit, deine Sprache, deine Stimme, deinen Gang. Ich wette, einmal in einen Flow geraten, fallen dir tausend liebenswerte Merkmale ein.

▶ Aus zahlreichen Rückmeldungen weiß ich, dass die Ganzkörperübung vor dem Spiegel besonders Frauen nicht leichtfällt.
Sie nehmen eher als Männer den gesellschaftlichen Druck an, attraktiv und perfekt zu sein. Das mag ein Grund sein, warum sie auf die „körperlichen Schwachstellen" schauen. Wenn du das bemerkst, dann decke diese Stellen, die du nicht besonders an dir

schätzst, mit einem Tuch zu. Mit wiederholtem Üben wird sich deine Selbstliebe derart stärken, dass du lächelnd das Tuch zur Seite legen und dich wertschätzen wirst, so wie du bist!

Charlie Chaplin hinterließ der Nachwelt folgende Zeilen:

„Als ich mich selbst zu lieben begann, habe ich mich von allem befreit, was nicht gesund für mich war, von Speisen, Menschen, Dingen, Situationen und von allem, was mich immer wieder hinunterzog, weg von mir selbst. Anfangs nannte ich das ‚gesunden Egoismus', aber heute weiß ich, das ist Selbstliebe."

Kapitel 8

Quadrant 2 – Die Gesundheit hängt am Herzschlag

Der Quadrant Gesundheit steht für ein leichtes, schwungvolles Leben, jenseits von Schmerz, jenseits von körperlicher, seelischer, geistiger Einschränkung. Er ist der Quadrant, den die meisten Menschen erst zu schätzen wissen, wenn er angeschlagen ist oder gar kippt in Krankheit.

Mal Hand aufs Herz: Solange Sie gesund sind, denken Sie wenig darüber nach, wie es wäre, diese Gesundheit zu verlieren. Damit befinden Sie sich in großer Gesellschaft. Mehr als 90 Prozent der Menschen nehmen Gesundheit als selbstverständlich hin – und damit haben sie recht: Wir sind geboren, um uns wohlzufühlen. Dafür müssen wir uns nicht anstrengen, wir müssen nichts erschaffen, denn alle Voraussetzungen hat die Natur uns mitgegeben, wenn wir gesund geboren wurden. Nur – die *Garantie* auf Gesundheit, die hat sie vergessen! Und so bleibt es eine Tatsache, dass Einschränkungen und Schmerzen entstehen können, wenn wir nicht achtsam sind. Dann staut sich die Energie, dann gibt es keinen Gleichklang mehr zwischen Körper und Seele, dann treten Blockaden auf, die zu Störungen des elektromagnetischen Feldes führen. Krankheit bedeutet Chaos.

Ich habe in meiner Arbeit oft erfahren, wie Menschen körperlich und mental zusammenbrechen, wenn Krankheit ihren Alltag belastet, weil auch die anderen drei Quadranten beschädigt werden: Der Beruf kann nicht mehr oder nur noch in Teilen ausgeübt werden, finanzielle Verluste folgen und zudem der soziale Rückzug. Von Selbstliebe kann keine Rede mehr sein, stattdessen lodert der Zweifel.

Der Hilferuf nach dem Arzt steht am Anfang. Am Ende eines langen Weges durch einen medizinischen Dschungel folgt oft das Verharren im Leid. Damit verändert sich die Energiesignatur. Man dockt an, wo die Hoffnungslosigkeit im Quantenfeld liegt – ein unsäglicher Kreislauf beginnt. Der kranke Mensch atmet die Hilflosigkeit aus, und nach dem Gesetz der Resonanz atmet er genau diese Emotion wieder ein. Im Gehirn manifestiert sich: „Mir kann nichts und niemand helfen, ich bin krank." Oder die Selbstvorwürfe mehren sich: „Hätte ich doch früher auf die Signale meines Körpers gehört."

Kaum eine Krankheit erreicht über Nacht ihren Höhepunkt. Sie kommt schleichend daher. Ein Zwicken hier, ein Pochen dort, nichts Bedeutsames, mögen Sie denken, solange der Schmerz nicht stört. Leider wiegen Sie sich dann zu lange in Sicherheit, drücken erste Signale zur Seite. Aber diese Sicherheit trügt. Krankheit kann jeden treffen, zu jeder Zeit. Immer dann, wenn der Energiefluss gestört wird – in 75 Prozent der Fälle geschieht das durch Stress –, lauert die Gefahr.

▶ Nur mit Dankbarkeit im zweiten Quadranten erhalten wir die positiven Lichtemotionen, die in unser Denken und Handeln hineinstrahlen. Dankbarkeit wirkt wie ein Schutz gegen schädliche Einflüsse. Sie wehrt schlechte Sorgen, Neid, Missgunst, Zorn ab. Sie sorgt für einen beständigen Energiefluss im Körper, denn sie hat ihren Ursprung im Herzen. Es ist in der Quantenmedizin bewiesen: Gesundheit beginnt mit der täglichen Aktivierung der Herzemotionen.

Dem emotionalen Chaos folgt Krankheit

Ihr Herz ist fähig, die gesamte komplexe Koordination bis in jede Zelle Ihres Körpers zu regeln. Es ist sogar, und das ist eine Erkenntnis der modernen Kardiologie, fähig, Hormone selbst zu produzieren und direkten Einfluss auf das Fühlen und Denken zu nehmen. Und sollte ihm ein Signal des Gehirns nicht gefallen, dann nimmt Ihr Herz sich heraus, dieses Signal zu ignorieren und seinerseits einen eigenen Entschluss zu fassen, Gefühle umzulenken, wenn sie seiner Herzsignatur widersprechen. Diese Freiheit im Fühlen hat Ihr Herz.

Das Gehirn arbeitet nach Erfahrungsmustern, hat aus Erlebnissen, Ängsten, Schmerzen und Freuden ein Repertoire an Reaktionen angelegt, die es lange trainiert und für gut befunden hat. Zwar wissen wir, dass diese veränderbar sind, dass sich das Gehirn umformen kann und neue, korrigierende Bahnen entstehen können. Nur: Das braucht Zeit. Ihr Gehirn verändert sich nicht über Nacht. Es kann trotz seiner Plastizität die Prozesse nur allmählich anpassen. Dem Herzen allerdings gelingt das in Echtzeit. Der Kardiologe Markus Peters schreibt dazu: „Wer sorgt dafür, dass all diese Prozesse geordnet und zielgerichtet ablaufen? Die wahrscheinlichste Antwort lautet: das Herz! Wie wir bereits gesehen haben, ist das Herz das Organ mit dem weitaus stärksten elektromagnetischen Kraftfeld. Und da jede lebende Zelle ebenfalls ein variables elektromagnetisches Feld aufbaut und unterhält, liegt es im Grunde auf der Hand, davon auszugehen, dass jede Zelle direkt auf das Herz reagiert und von ihm auch gesteuert wird."[14] (Peters 2016, S. 76) Das ist der Grund, warum für mich jede Krankheit mit einer Inkohärenz beginnt. Achten Sie auf Ihre Emotionen. Und meiden Sie Menschen mit einem negativen Kraftfeld, denn dieses Feld beeinflusst Sie, ob Sie wollen oder nicht.

Wenn die Umstände
krank machen

Es kann geschehen, dass Sie in ein Kraftfeld Ihres Gegenübers geraten, obwohl diese Energie nicht zu Ihren Schwingungen passt. Dann verändern sich Ihre Herzschläge, Ihre Gehirnwellen, die gesamte Signatur gerät in den fremden Einflussbereich. Was folgt, ist ein Störgefühl. Nehmen Sie diese Zeichen frühzeitig wahr.

Sicherlich kennen Sie das: Ihr Gegenüber redet sanft zu Ihnen und seinen Mund umspielt ein Lächeln. Und doch haben Sie das Gefühl, diese Person versucht, Sie zu täuschen. Sie suchen nach Anzeichen von Lüge, nach unkontrollierten Handbewegungen oder nach einem Zucken in den Augen. Aber da ist nichts. Die Hände Ihres Gegenübers liegen ruhig auf dem Tisch und sein Gesicht wirkt entspannt. Und doch ahnen Sie, dass da etwas nicht in Ordnung ist. Die Aura des Gegenübers scheint gestört, oder anders gesagt: Das Kraftfeld ist dunkel gefärbt.

Mehr als die Mikromimik verrät die Energiesignatur des Herzens die wahre Stimmungslage eines Menschen. Niemand kann diese Energie rhetorisch verbiegen, niemand kann elegant über sie hinwegtäuschen, diese Energie spricht die Wahrheit, denn sie kommt vom Herzen.

Depressive Menschen verbreiten eine Traurigkeit im Raum, auch wenn sie ein Lächeln aufsetzen. Aggressive, neidische, missmutige Menschen senden trotz sanfter Stimme ein Gefühl von Gefahr aus. Das liegt daran, dass die Herzschwingungen gestört sind. Achtung, diese Störung wird Sie erreichen und beeinflussen! Ihre Gehirnwellen werden sich den Herzwellen Ihres Gegenübers anpassen. Weist die eine Person ein chaotisches EKG-Kraftfeld auf, dann synchronisieren sich die Gehirnwellen der anderen Person mit diesem Chaos und sie wird Stress empfinden. Das Phänomen der Kraftfeldübertragung wird umso intensiver, je näher sich zwei Menschen kommen, bei einer Berührung gibt es keinen Schutz mehr vor dieser Synchronizität. Sender und Empfänger empfinden beide Traurigkeit, Schmerz, Probleme, Aggressivität. Messungen des HeartMath-Instituts in Kalifornien haben das mehrfach bewiesen. Sogar über Kilometer hinweg wirkt diese elektromagnetische Beeinflussung zwischen Personen.

Gesundheit geht für mich auch einher mit der Überlegung, welche Menschen Ihnen nahekommen dürfen, welche Energie Sie bereit sind zu verarbeiten. Meiden Sie traurige, neidische, zornige, ängstliche Menschen. Und sollten Sie diese Wahl nicht treffen können, weil Sie täglich einem cholerischen Chef begegnen, weil Sie mit einer depressiven Kollegin das Büro teilen oder weil Ihr Partner eine persönliche Krise durchlebt, dann schützen Sie Ihr Herz! Wenden Sie es, sooft Sie können, zur Seite, atmen Sie bewusst länger aus als ein, lassen Sie ausströmen, was für Sie Ballast ist.

▶ Stärken Sie Ihre Energiesignatur durch ein bewusstes Atmen in Ihr Herz, berühren Sie liebevoll den Glückspunkt am Brustbein und lassen Sie bewusst die Inkohärenz des anderen an sich vorbeischwingen. Sie entscheiden, welche Stimmungen Sie aufnehmen und vor welchen Sie sich schützen! Indem Sie sich selbst in einer bewussten Weise Fürsorge versprechen, stärken Sie Ihr eigenes Kraftfeld. Bei Herzangst und Herzklopfen empfehle ich Ihnen die heilende Herzsalbe Aurum Lavandula comp. von Weleda.

Wie das vegetative Nervensystem auf Emotionen reagiert

Das renommierte Institute of HeartMath in Kalifornien hat herausgefunden, dass selbst subtile Emotionen das Gleichgewicht des vegetativen Nervensystems beeinflussen. Negative Gedanken und Gefühle stören die Wechselbeziehung zwischen den Körpersystemen. Positive Gefühle hingegen bringen Ordnung und Balance, steigern die Leistungsfähigkeit und zudem die Lebensfreude – kurzum: Der sympathische und der parasympathische Teil des Nervensystems ergänzen sich dann in harmonischer Weise. Dieser Wechsel wird gestört, sobald die Gefühle aus Angst, Wut, Zorn und Ärger bestehen. Bereits das Vorstellen einer bedrohlichen oder stressinduzierten Situation erzeugt eine Rückkopplung auf das vegetative und zentrale Nervensystem. Es spannt die Muskeln an, verflacht den Atem, verlangsamt die Darmtätigkeit, es stellt sich auf den Notfall ein und damit auf Stress. Wohlgemerkt, das geschieht bereits, wenn Sie sich kraft Ihrer Gedanken eine imaginäre Stresssituation ausmalen. Ihr vegetatives Nervensystem reagiert augenblicklich, weil die Amygdala Alarm ruft und Ihren Körper auf Flucht, Verteidigung oder Totstellen vorbereitet. Der sympathische Teil des vegetativen Nervensystems arbeitet auf Hochtouren. Die Variabilität der Herzfrequenz zeigt in diesem Moment ein uneinheitliches Zackenmuster, die Linien schlagen spitz nach oben und unten und in ungeordneter Folge aus. Bei Wiederholung und auf Dauer kann das der Beginn einer Krankheit sein.

Forschungen haben belegt, dass nach Ärger und Wut die Konzentration der Antikörper im Immunsystem sinkt. Der Körper benötigt ohne Herzmeditation sechs Stunden, um dieses stressbedingte Defizit wieder auszugleichen. Im Sinne Ihrer Gesundheit sollten Sie emotional schädigende Situationen identifizieren – und meiden.

Checkliste:
Gesundheitsschädigende
Situationen erkennen

Fragen Sie sich:

Fühle ich mich in Gegenwart von meinem Partner, meinen Kollegen und Freunden gestresst?

☐ ja ☐ nein

Mache ich mir täglich Sorgen um Beziehung, Gesundheit, Beruf und Geld?

☐ ja ☐ nein

Fühle ich mich oft müde, ausgelaugt und antriebslos?

☐ ja ☐ nein

Fällt es mir schwer, mir eine gute, stimmige Zukunft vorzustellen?

☐ ja ☐ nein

Seufze ich mehrmals am Tag oder habe sogar das Gefühl, Weinen würde mir eine Erleichterung bringen?

☐ ja ☐ nein

Habe ich täglich Schmerzen an Gelenken oder im Nacken-Schulter-Rückenbereich?

☐ ja ☐ nein

Fällt mir morgens das Aufstehen schwer, weil ich keine Freude auf den Tag empfinde?

☐ ja ☐ nein

Stecke ich seit vielen Monaten in einer misslichen Situation fest und habe keine Ahnung, wie ich diese Situation ändern kann?

☐ ja ☐ nein

> Sollten Sie mehr als drei Fragen mit Ja beantwortet haben, dann befinden Sie sich zu häufig in einem inkohärenten Zustand. Es ist wichtig, Ihre Herzemotionen zu aktivieren, bevor der chaotische Zustand in Ihnen zur Krankheit wird.

Übung

Die innere Sonne aufgehen lassen

Lege deine Hand sanft auf dein Herz, schließe die Augen, atme mehrmals ein und aus.

Stell dir vor, dein Herz ist eine Sonne. Warm und golden geht deine innere Sonne in deinem Herzen auf. Sie strahlt in deinem Körper. Deine innere Herzsonne wärmt jede Zelle. Du genießt diese wohltuende Wärme. Du spürst Hingabe an diese Sonne.

Atme weiter.

Genieße die Wärme, die goldene Farbe, den sich beruhigenden Rhythmus deines Herzens.

Genieße das Strahlen und sei dir gewiss, dieses Strahlen geht weit über deinen Körper hinaus.

> In der Astrologie wird die Sonne dem Herzen zugeordnet, und das geschieht aus gutem Grund: Die Sonne nährt und wärmt, sie ist der Mittelpunkt unseres Sonnensystems, in dem sich die Erde bewegt.

Krankheit ausatmen, Gesundheit einatmen

Als ich dieses Kapitel plante, dachte ich an die Menschen, die zurzeit krank sind. Mein Anliegen ist es, Ihnen aufzuzeigen, dass diese Krankheit durch eine Inkohärenz entstanden ist. Und ich dachte an die Menschen, die gesund sind und diese Gesundheit nicht genügend wertschätzen, weil sie ihre Priorität auf Leistung setzen statt auf Dankbarkeit. Sie will ich dafür sensibilisieren, dass Gesundheit und Krankheit nicht weit voneinander entfernt liegen. Sie, die mit Gesundheit gesegnet sind, will ich fragen: Wie oft freuen Sie sich täglich über Ihr Wohlgefühl?

Wir wissen Gesundheit erst zu schätzen, wenn sie gestört ist, wenn Körper und Seele schmerzen. Dann sind wir bereit, alle Kraft einzusetzen, um Ärzte zu konsultieren, Medizin zu nehmen, Diäten zu befolgen, vielleicht uns sogar alternativen Heilern anzuvertrauen. Häufig entsteht in diesen Phasen eine Ahnung davon, dass die Krankheit hätte vermieden werden können, wäre man achtsamer gewesen, hätte man früher die Notbremse gegen Stress und schlechte Gefühle gezogen. Diesen Punkt zu erkennen und an diesem Punkt zu handeln, halte ich für eine wertvolle Prophylaxe, um im Leben dauerhaft zufrieden zu sein. Früher wurden in China die Ärzte für ihre Heilkunst bezahlt, die sie an gesunden Menschen vollbrachten. Das ist der richtige Ansatz! Gesundheit zu bewahren – und nicht Krankheit zu bekämpfen. Ich wünsche mir, diese Art der gesundheitlichen Betrachtung würde wieder salonfähig werden. Wir können gar nicht intensiv genug unsere Gesundheit betrachten und thematisieren. Aber wer geht heute noch zum Arzt und sagt: „Mir geht es gut wie nie. Behandeln Sie mich, dass dieser Zustand erhalten bleibt." Für diese Art der Diagnose gibt es keine Ziffer zur Verrechnung, man würde Sie wahrscheinlich beglückwünschen und gleichzeitig verabschieden mit den Worten: „Das freut mich. Kommen Sie wieder, wenn Sie Schmerzen haben." Ich sage:

„Üben Sie sich in Dankbarkeit, wenn Sie gesund sind, und zwar drei Mal täglich."

Ein Satz für die Gesundheit

Ella war Altenpflegerin und sie war es mit Herz und Verstand. Sie arbeitete umsichtig, zuverlässig und vor allem arbeitete sie mit jener Portion Empathie für Menschen am Ende des Lebens. Wenn sie sich abends von den Bewohnern im Altenheim verabschiedete, dann niemals ohne deren Hände zu halten, zu streicheln, ohne den Frauen und Männern zu sagen, dass es schön sei, dass es sie gab. Sie hatte Respekt vor den Lebensleistungen. Manchmal beschlich Ella das Gefühl, dass jeder Einzelne ein ganzes Universum von Erfahrungen und Erinnerungen mitnehmen würde, würde er bald sterben. Ella hätte sich keinen schöneren Beruf vorstellen können. Umso härter traf sie die Wende: Ella verhob sich, es knackste im Rücken, Bandscheibenvorfall. Es folgte ein langer Weg ohne Heilung, denn sie entwickelte eine Allergie gegen die Wirkstoffe in den Antirheumatika, die Ärzte verschreiben. Aufgrund der Schmerzen waren physikalische Behandlungen kaum möglich und eine Operation lehnte sie ab. Sie war nahezu bewegungsunfähig, wurde arbeitslos. Neben dem Verlust des Geldes wog der Verlust schwer, dass die Säule des Berufs weggebrochen war. Ella wurde depressiv. Anfänglich versuchten Freunde, sie aufzumuntern, aber bald schon mieden sie die Frau, die mehr und mehr jammerte, die keinen Lichtschimmer im Alltag mehr sah. Ihre Herzsignatur veränderte sich und damit auch die Umstände im Leben. Aus der einst fröhlichen Frau von 39 Jahren wurde eine Invalidenrentnerin. „Schlimm", so sollte sie später sagen, „war die Hilflosigkeit." Hätte man ihr damals nur ein Fünkchen Hoffnung geschenkt, sie hätte sich daran geklammert. Aber nach Meinung der Ärzte konnte nur eine Operation zur Heilung führen, wobei diese Operation mit einem 50-prozentigen Risiko behaftet war, im Rollstuhl zu landen.

Zu dieser Zeit bot ich in ihrer Nähe einen Vortrag über Herzöffnung an. In diesem Vortrag bitte ich Menschen auf die Bühne, um sie durch ein Leiten in die erhöhte Herzemotion zu heilen. Ella erzählte mir später, dass sie weder das Eintritts- noch das Benzingeld hatte, um daran teilzunehmen. Dass sie mit ihrer Freundin über die Abendveranstaltung gesprochen hatte: „Ich würde gerne hingehen, aber ich kann es mir nicht leisten." Als die Freundin spontan antwortete, sie wolle ihr die- sen Abend schenken, da lehnte Ella ab, weil sie sich wie eine fühlte, die Almosen annimmt.

Ella fand das Geld an der Windschutzscheibe ihres Wagens. Es steckte in einem Umschlag mit der Notiz ihrer Freundin. „Für dich, mach was draus."

An dem Abend des Vortrags, den ich Erlebnisabend nenne, bitte ich einen meiner Zuhörer auf die Bühne, um zu zeigen, wie sich mit einem einzigen Atemzug ein ganzes Schicksal wen- den kann. Ich gehe durch die Sitzreihen meiner Gäste, sehe ihnen ins Gesicht, lächele, suche Anzeichen von Mangel und Trennung. Ich erkenne diese Anzeichen an der Körperhaltung, dem Blick, an der elektromagnetischen Strahlung des Herzens. Vor Ella blieb ich stehen und lud sie ein, mich auf die Bühne zu begleiten. Ich wollte ihre Geschichte nicht wissen, wollte nicht darüber reden, welches Leid sie mit sich herumtrug, ich bat sie nur, ihre Hand auf ihr Herz zu legen, in ihr Herz zu atmen. Ich tat Gleiches, spiegelte ihre Bewegung. Dann fragte ich, was sie sich für den Moment von Herzen wünsche. Ihre Antwort kam spontan und intensiv. Sie rief laut in den Raum: „Ich wünsche mir von Herzen, wieder schmerzfrei tanzen zu können." Ich ließ diesen Wunsch im Raum stehen. Dann wiederholte ich den Satz und sie erzählte mir später, dass ihre rechte Hüfte brannte und dass dieses Brennen in der Nacht stärker wurde. Besorgt rief sie mich am nächsten Tag an. Ich beruhigte sie, sagte, das sei die Phase der Heilung. Die gehe immer mit heftigen körperlichen Reaktionen einher. In den folgenden Tagen ließen die Schmer- zen nach, nach einer Woche tanzte Ella durch die Wohnung. Sie hatte auf der Bühne getan, was Heiler die ‚Umgestaltung der Photonen' nennen: ein neues Zusammensetzen der kleinsten Teilchen des Lichts. Das geschah durch den innigen Wunsch, wieder tanzen zu können, wieder schmerzfrei zu sein.

Ihren alten Beruf übt sie übrigens nicht mehr aus. Zu groß ist ihre Angst, sich wieder eine Rückenverletzung zuzufügen. Ihre Empathie für andere Menschen hat sie jedoch verfeinert. Sie ist heute eine erfolgreiche Quantenheilerin. Gesundheitlich, finanziell und sozial steht sie besser da als je zuvor. Nur manchmal sticht es noch an der alten Schmerzstelle, das ist für sie eine Mahnung, innezuhalten und die Dankbarkeit für ihr gesundes Leben täglich zu praktizieren.

Lichtenergie fließen lassen

Es mag sein, dass Ihnen Ellas Geschichte allzu wundersam erscheint. Da beugt sich eine junge Frau dem Rückenschmerz, verträgt weder Medikamente noch willigt sie in eine Operation ein noch sind physiotherapeutische Konzepte möglich. Sie verliert den Job, lebt eine Zeit von Hartz IV, bis sie mit 39 Jahren Invalidenrente erhält. Ihr Alltag wird zunehmend trister, weil Freunde sich abwenden, weil die Traurigkeit sich bis in ihre Zellen ausweitet. Kein Gedanke mehr, der zuversichtlich ist, keine Hoffnung auf Änderung dieser Situation. Aus einer einst fröhlichen Frau wird eine Patientin mit einem Bandscheibenvorfall und einem folgenden Burnout. Alles findet im Mangel statt. Die Quantenmedizin setzt hier an. Ihre Behandlungskonzepte richten sich nicht auf den Schmerz, denn der Schmerz ist das Symptom, nicht die Ursache.

Ursache in vielen Fällen von seelischer und körperlicher Krankheit ist eine Unklarheit der Lichtphotonen. Ein harmonisches Fließen der Energie ist nicht mehr möglich, schlimmstenfalls entsteht eine Energieblockade. Das ist der Punkt, an dem Krankheit beginnt. ‚Alles ist Energie', so lautet der Kernsatz der

Quantenphysik. Jedes Elementarteilchen korrespondiert mit anderen, alles ist in Bewegung, in Veränderung, nichts ist starre Materie, Ihr Körper ist durchwoben von Ihrem Geist. Sobald Sie jedoch unachtsam werden, den Kontakt zu sich selbst verlieren, sobald Sie sich von Ängsten, Zorn, Ärger leiten lassen, kommt es zu einem Energiebruch. Die Photonen Ihrer Zellen, die kleinsten Lichtquanten, finden keinen Kontakt mehr. Sie sind nicht mehr fähig, sich in einer kohärenten Weise zu verbinden und ihre Lichtkraft zu erhöhen. Welch ein zerstörerischer Zustand! Kein Wunder, dass Zuversicht und Hoffnung zusammenbrechen, wenn das Licht sich nicht mehr bündeln kann. Stellen Sie sich nun die Prozesse anders vor: Licht überwindet Raum und Zeit. Licht fügt zusammen, was Leben ist. Alles besteht aus Licht, auch Sie. In der größten, messbaren Geschwindigkeit kann sich das gesamte Lichtsystem verändern; wenn Sie es wirklich wollen, durchdringt eine neue Ordnung von Licht Ihre Zellen. Das geschah, als Ella von Herzen sagte, sie wolle nur eines – wieder schmerzfrei tanzen. Ich stand neben ihr, als sie diesen Wunsch in den Saal schickte, über die Zuhörer hinweg. Ich habe die Stärke dieses Wunsches physisch gespürt. Ich dachte: „Wow, welche Entschlusskraft legt sie in diesen einen Satz."

Der Biophysiker Michael König hat dieses lichtvolle Sich-Verändern in seinem Buch wie folgt ausgedrückt: „Seit man weiß, dass unser Bewusstsein steuernd in diese Prozesse eingreift, können wir mit Sicherheit sagen: Wir alle haben es selbst in der Hand, ob wir von Glück erfüllte Wesen sind oder ob wir in Krankheit und Depression versinken. Wir haben große Gestaltungsmacht, größer, als die meisten ahnen."[15]

Mit diesem Wissen fragen Sie sich bitte: „Was wünsche ich mir von Herzen?" Es ist die Frage, die ich Ella auf der Bühne gestellt habe. Und dann antworten Sie spontan und mit Ihrer gesamten Herzenskraft. Fassen Sie in Worte, was Sie wirklich, wirklich wünschen. Spüren Sie das Licht, auf dem Ihre Antwort ins Universum getragen wird, und nehmen Sie die mächtige

Resonanz wahr, die Sie wieder erreichen wird. In diesem Moment der Antwort bündeln Sie Ihr Licht neu. Sie regenerieren Ihren Körper und leuchten in einer für Sie stimmigen Energie, und das macht die vielen Glücksbringer, die als Steine, Ketten, Bildchen, Essenzen und andere Schutzgegenstände daherkommen, überflüssig. Sie selbst sind fähig, sich Stärke zu geben, über sich hinauszuwachsen. Das Universum ordnet Ihr Leben, wenn Sie es mit Ihrer Herzenskraft wünschen.

▶ Gesund zu sein muss nicht erst erschaffen, nicht erst kreiert werden. Gesund zu sein ist der natürliche Zustand, der seine Quelle im Herzen hat. Dort sitzt die mächtigste Strahlkraft im Körper, und diese zu nutzen, das ist die Aufgabe. Sie dürfen täglich und unentgeltlich darauf zugreifen, um Ihren Körper zu regenerieren. Bedenken Sie: Alle Energie ist Licht, das Universum, die Erde, der Mensch, jedes Lebewesen, jede Materie besteht aus Licht. Die folgende Herzmeditation soll diese Lichtquelle wertschätzen, weil aus dieser Quelle die Heilung entspringt.

Übung

Das innere Strahlen

Die folgende Meditation führt dich zurück zu dir selbst. Sie lässt Eindrücke, Absichten, Sorgen und Schmerzen im Außen. Sie aktiviert durch die liebevollen Gefühle wie Hinwendung und Liebkosung des Herzens deine Selbstheilungskräfte, weil sie Herz, Geist, Körper, System und Zellen harmonisiert.

In die Meditation gehen

Setze dich bequem, mit geradem Rücken auf einen Stuhl. Gerne kannst du die Lehne als Stütze nutzen.

Gehe mit der Aufmerksamkeit zu deinen Füßen.
Spüre, wie die Fußsohlen flach auf dem Boden stehen.

Der Boden trägt dich.

Gehe mit deiner Aufmerksamkeit zum Becken.

Spüre, ob sich das Becken für dich gut anfühlt. Nimm die Freiheit wahr, die das Becken im Raum hat.

Gehe mit deiner Aufmerksamkeit zu deinen Schultern.
Spüre, ob sich der Schultergürtel für dich gut anfühlt. Nimm die Freiheit wahr, die deine Schultern im Raum haben.

Lege die Hände entspannt auf deine Oberschenkel. Öffne die Handflächen nach oben.

Den Rhythmus des Herzens spüren

Schließe deine Augen und richte innerlich deine Aufmerksamkeit auf dein Herz. Lege eine Hand flach auf dein Herz. Spüre, wie deine Hand entspannt auf deinem Herzen ruht.

Genieße diese ganz persönliche Berührung und erlaube dir, dich weiter zu entspannen. Atme langsam und sanft, zähle beim Einatmen bis vier und beim Ausatmen bis sechs.

Verweile mit deiner Aufmerksamkeit in dieser Entspannung. So wie du atmest, so ist es gut.

Den Körper wahrnehmen

Lenke deine innerliche Aufmerksamkeit auf die einzelnen Körperregionen. Nimm in einer beobachtenden, nicht wertenden Haltung wahr, wie sich deine Füße und Beine anfühlen. Atme in die Füße und Beine hinein.

Nimm wahr, wie sich dein unterer Rücken, dein Bauch anfühlen, bewerte nichts, atme ruhig und entspannt dort hinein.

Nimm wahr, wie sich dein Sonnengeflecht, dein Brustkorb, dein oberer Rücken anfühlen, bewerte nichts, atme ruhig und entspannt hinein.

Nimm wahr, wie sich deine Schultern, Arme und Hände anfühlen, bewerte nichts, nimm an, was ist, atme dort hinein.

Nimm wahr, wie sich dein Hals, dein Gesicht, dein gesamter Kopf anfühlen, bewerte nichts, atme tief und entspannt in den Nacken, in das Gesicht, in den gesamten Kopf hinein.

Wandere nun mit dem Atem wieder zu deinem Herzen. Atme hinein.

Nimm wahr, wie dein Herz hell und durchlässig wird, wie das Licht des Herzens in den gesamten Körper fließt, in die Füße, Beine, Arme, in den unteren Rücken, in den Bauch, in den Brustkorb, den oberen Rücken, in die Schultern, Arme und Hände, durch den Hals, dein Gesicht, in den gesamten Kopf. Genieße das goldene Licht und auch die Wärme. Atme noch drei, vier Mal in deinen lichtvollen Körper hinein, während du sanft dein Herz berührst. Bleibe aufmerksam, kreiere nichts, lass nur das Licht und den Atem durch dich hindurchfließen.

Nimm wahr, ob du Farben vor deinem geistigen Auge siehst.

Nimm nun wahr, ob du Klänge des Herzens hörst.

Nimm wahr, ob du Signale des Herzens empfängst.

Bewerte nichts, nimm nur wahr und atme weiter mit dem Gefühl der Fürsorge und der Selbstliebe.

Umarme dich und nimm das Licht, das dich durchströmt, die Farben, Klänge, Signale, die du empfängst, als Geschenk an.

In diesem Moment entsteht ein Glücksgefühl. Jede Zelle, jeder Muskel, jedes Organ, jedes Gelenk wird von heilender Energie durchströmt. Es ist ein Tanz der Freude in dir. Nimm ihn mit, wenn du nun die Augen wieder öffnest.

Literatur Kapitel 8

14 Peters, Markus: „Gesundmacher Herz". Kirchzarten: VAK, 2016.

15 Quelle: https://download.e-bookshelf.de/download/0000/6079/27/L-X-0000607927-0001216053.XHTML/index.xhtml. (Zugriff am 7.1.2019)

Kapitel 9

Quadrant 3 – Wo ich wirke, fühle ich mich wohl

Manchmal ist es sinnvoll, die Perspektive zu wechseln. Vor allem, wenn wir uns in Gedankenspiralen festgedreht haben, wenn wir glauben, unsere Sorgen und Nöte seien der Nabel der Welt. Dann mag es sein, dass wir unsere Gelassenheit verlieren und auch den Blick dafür, was wirklich zählt: freudvoll die Spuren in diesem Leben zu setzen, dank unserer Talente diese Welt ein wenig besser zu machen, als sie im Moment ist, und mit diesem Erbe Erde sehr besonnen umzugehen. Auf diese Verantwortung hat uns der Popstar unter den Astrophysikern hingewiesen. Alexander Gerst weilte 195 Tage im Weltall, sah aus 400 Kilometer Entfernung auf die Erde. Aus der Sojus-Kapsel auf der Internationalen Raumstation ISS richtete er Worte an seine ungeborenen Enkel, die doch Worte für die 7,5 Milliarden Menschen waren, die auf diesem Planeten leben. Seine Rede hat mich tief berührt. Er sagte: „... dass dieses zerbrechliche Raumschiff Erde sehr viel kleiner ist, als die allermeisten Menschen sich das vorstellen können, wie zerbrechlich seine Biosphäre ist und wie limitiert seine Ressourcen." Und er sagte auch, „dass Träume wertvoller sind als Geld und dass man ihnen eine Chance geben muss. Dass Jungen und Mädchen Dinge genauso gut können, aber dass doch jeder von euch eine Sache hat, die er besser kann als alle anderen. Dass die einfachen Erklärungen oft die falschen sind und dass die eigene Sichtweise eigentlich immer unvollständig ist. Dass die Zukunft wichtiger ist als die Vergangenheit und dass man niemals ganz erwachsen werden soll, dass Gelegenheiten immer nur einmal kommen und dass man für Dinge, die es wert sind, auch mal ein Risiko eingehen muss. Dass ein Tag, an dem man etwas Neues entdeckt hat, über seinen Horizont hinausgeschaut hat, ein guter Tag ist."[16]

Ich will jeden Satz dick unterstreichen und finde es bemerkenswert, dass diese Rede im Universum entstanden ist, wo sich alle Chancen zu einem Quantenfeld verweben. Auch Sie können dort hingelangen, viel weiter noch als die 400 Kilometer jenseits der Biosphäre. Sie können sich kraft Ihrer Herzemotionen mit dem Universum verbinden und Sie dürfen darauf hoffen, dass sich Ihre Einzigartigkeit entfaltet.

Erinnern Sie sich, dass ich in Kapitel drei über Ihren inneren Diamanten geschrieben habe? Von ihm geht Ihre Urschwingung aus. Er ist Ihr direkter Zugang zum Quantenfeld. Wenn Sie ihn wiederentdecken und als Ihre Einzigartigkeit, als Ihr Potenzial betrachten, als jenes Besondere, das auch Alexander Gerst in seiner Rede erwähnte, dann finden Sie Ihr Glück. Sie werden zufriedener, reicher und gesünder sein als je zuvor. Sie werden den dritten Quadranten, Ihre Berufung im Leben, nähren.

Die Urschwingung allen Wirkens

Ihr Potenzial ist einzigartig. Niemand kann es kopieren, und würde es jemand versuchen, er würde nur fadenscheinige Spuren hinterlassen. Denn Kopieren ist kein kreativer Prozess, kein Sprudeln von Emotionen und Gedanken, die sich zu Kaskaden des Glücks verbinden, so wie es geschieht, wenn Menschen aus sich selbst heraus tätig werden, wenn sie Raum und Zeit vergessen, weil sie sich verbinden mit ihrer ursprünglichen Schwingungssignatur. Ein Potenzial hat seinen Ursprung im Herzen, und damit ist es eine höchstpersönliche Angelegenheit, zu der nur Sie den Zugang finden. Seit der Geburt tragen Sie es in sich, und es ist Ihre Aufgabe, es wertzuschätzen und zu pflegen. Sie sollten es täglich tun, denn Ihr Potenzial beeinflusst Ihre Zufriedenheit. Sobald Sie es wahrnehmen und mit einem Staunen bedenken, sobald Sie sich entscheiden, es zum Strahlen zu bringen, sind Sie in Ihrem Herzen angekommen. Nur: Was genau ist das Potenzial? Aus welchem Stoff besteht es und wie können Sie es fassen?

Ihr Potenzial besteht aus Ihren Talenten, teils vererbt, teils durch Umwelt und Kultur und Erfahrung geprägt. Äußere Einflüsse können es formen, auch Vorbilder können es beeinflussen. Ein Potenzial ist ein reißfester, aber durchaus formbarer Stoff. Mit den Jahren wird er schöner und glänzender. Er ist zeitlos, keiner Mode unterworfen. Er will Sie umhüllen, schützen, wärmen, tragen, er will Sie schmücken. Was dieser Stoff allerdings übelnimmt, das ist eine Missachtung seines Wertes. Dann zieht er sich zurück – und Sie stehen schutzlos da.

Auf Dauer werden Sie traurig, krank und zunehmend unglücklich sein. Kurzum: Sie brauchen Ihr Potenzial wie die Luft zum Atmen, denn nur mit seiner Wirkung blühen Sie auf.

Leider überhören viele Menschen im Stress des Alltags diesen Ruf des Herzens. Sie hecheln fremden Zielen hinterher, sie wollen anderen gefallen – und entfernen sich von ihrem Potenzial. Dann mag es sein, dass der Ruf des Herzens leiser wird, dass sich das Potenzial zurückzieht. Und doch dürfen Sie gewiss sein, dass Ihr Potenzial nicht sterben wird, es wird immer zu Ihnen hinstreben, wird versuchen, sich mit Ihnen zu verbinden. Deshalb halte ich die Herzmeditationen, die ich Ihnen in meinem Buch biete, für das wichtigste Instrument, um sich selbst nahe zu bleiben, um der Lautstärke im Außen zu entkommen und einige Minuten im Herzen zu verweilen. Dort herrscht jene kreative Stille, die Ihnen ehrliche Antworten schenkt, wenn Sie beginnen zu straucheln, weil Sie Aufgaben erledigen, die nicht zu Ihnen passen. Weil Sie für ein Lob von anderen Ihr Potenzial zur Seite schieben.

Wenn die Tage schwer werden

Eines vorweg: Wenn Ihr Beruf eine Berufung ist, wenn Sie entlang Ihrer schönen Perlenkette aller Gaben und Fähigkeiten arbeiten, dann erschöpfen Sie sich nicht. Sie sind im Gegenteil leistungsfähig, neugierig und begeisterungsfähig. Sie stellen Ihre Aufgabe in den Mittelpunkt und vergessen die sekundären Aspekte wie Geld und Anerkennung. Sie arbeiten, weil es Ihr Herz mit Freude erfüllt, weil Sie sich inspiriert fühlen. In diesen Momenten entsteht ein Flow. Sie vergessen Raum und Zeit, Sie sind nur Licht und Schwingung. Was Sie tun, tun Sie, weil es Ihrem Herzen entspringt. In solchen Momenten leuchten Ihre Augen, Ihre Haut. Sie schöpfen aus der Fülle all dessen, zu dem Sie fähig sind – und das ist weit mehr, als Sie denken. In solchen Momenten zeigt Ihr Lebenssinn klare Konturen, das sind Sternstunden im Beruf – leider werden sie jährlich seltener.

Nach einer aktuellen Studie des Personaldienstleisters Manpower Group ist jeder zweite Angestellte in Deutschland im Job unzufrieden. Gründe sind unter anderem: schlechte Bezahlung, keine Anerkennung von Leistung, Langeweile und auch der fehlende Spaß an der Tätigkeit [17]. Diese Tatsachen weisen auf einen schwachen dritten Quadranten hin. Auf Dauer wird die Unzufriedenheit weiter steigen, es werden sich zum Zweifel am Job der mentale und der körperliche Stress summieren. Menschen, die in einem Umfeld wirken, das nicht zu ihnen passt, geraten in einen inkohärenten Zustand. Sie verlieren ihre Mitte und sie erschöpfen sich daran.

Eine Frau mit analytischen Fähigkeiten wird niemals als Krankenschwester glücklich; denn ihr Talent ist nicht die Pflege, sondern das Tüfteln an Details. Ein Mensch mit Stärken in Mitgefühl und Beziehungsgestaltung verliert sich, wenn er in einem Einzelbüro Strategien entwickeln soll. Ein Mensch, der es liebt, vor Publikum zu reden, der in einer anregenden Weise präsentieren und seine Kollegen für Ideen begeistern kann, der wird sich nicht mit den Problemen einzelner Menschen auseinandersetzen wollen, denn er sucht den Applaus für seine kreativen Ansätze. Zu wissen, wo unsere Gaben sind, ist der Grundsatz für ein erfülltes Berufsleben. Um es einmal drastisch zu sagen: Eine Rose bleibt eine Rose, sie wird auch mit Farbe, Schere, mit visuellen Tricks nie ein Gänseblümchen werden. Und doch verbiegen sich Menschen, um eine vermeintlich einträgliche Karriere zu gestalten oder um ihr Image aufzupolieren. Dieser Fehler beginnt oft in der Jugend und pflanzt sich wie ein Unkraut fort, bis er letztendlich das Potenzial überwuchert mit Schlaflosigkeit, mit Rücken- Gelenk-, Kopfschmerzen, mit Herzproblemen. Statt ausgeruht und voller Tatendrang morgens aus dem Bett zu springen, wirken die Beine wie Blei, im Kopf ein Schwindel. Die leise Stimme des Herzens, die bittet, zu verändern, was schadet, wird überhört. Und irgendwann wird das Herz brüchig. Es mag seine Aufgabe als Ernährer der Organe noch bewältigen, nur strahlen kann es nicht mehr. Alles rutscht tief und tiefer: die Laune, die Gesundheit, die Leistungsfähigkeit. Ganz unten aber, wenn es Ihnen kaum noch gelingt, den Kopf nach oben zu heben, um in die Sterne zu sehen, um sich die Chancen des Universums zurückzuholen, schwindet auch die Zuversicht, es könne jemals besser werden. Das ist der Moment, in dem die Augen matt bleiben, wenn Sie von Ihrem Beruf sprechen und auch von Ihrem Leben. Sie leiern herunter, was Sie täglich vollbringen. Es mag sein, dass Ihnen in der Sache niemand etwas vormachen kann, Sie wissen um die Details Ihrer Aufgaben wie kaum ein anderer, wissen um die Zusammenhänge, die letztendlich zum Erfolg führen. Lichtvolle Gefühle jedoch hegen Sie nicht. Sie arbeiten Ihre To-do-Listen ab. Sie sind zuverlässig, fleißig, pünktlich – und agieren im sicheren Mittelmaß. Nur:

Ein Potenzial passt nicht zum Mittelmaß. Ein Potenzial strahlt weit über alle Möglichkeiten hinaus.

➤ Bei vielen Menschen hat sich über Jahre hinweg eine Kruste über der Herzensgabe gebildet. Sie aufzubrechen, erfordert manchmal, am Nullpunkt zu landen. Dort erst, ganz unten und am Ende der Kraft, ist man bereit, sich zu fragen, ob das alles gewesen sein soll im Leben.

Glanz in den Augen

Auch ich habe den Wunsch, als Heilerin zu arbeiten – und somit den Menschen Impulse zur Potenzialentfaltung zu geben – lange Zeit in mir getragen und nicht gewagt, diesem Ruf des Herzens zu folgen. Zu hoch war mein Verdienst als Marketingleiterin, zu verantwortungsvoll die Zusammenarbeit mit Mitarbeitern, Kollegen und Geschäftspartnern. Das alles über Nacht hinzuwerfen, erschien mir verantwortungslos und auch risikoreich. Wer, so fragte ich mich, könnte mir je eine Garantie geben, dass ich ebenso erfolgreich und finanziell gesichert agieren würde? Zusätzlich hielten mich die Zweifel der anderen von meiner Entscheidung ab. Sie gaben mir zu bedenken, wie viele Menschen in der Arbeitslosigkeit landen würden, würden sie ohne ein Sicherheitsnetz kündigen, um sich einen Traum zu erfüllen, den Traum, dem eigenen Talent zu folgen. Ich nickte, wurde kleinlaut, denn ich hatte das Gefühl, undankbar zu sein für die Karrierechancen, die man mir einräumte, für die Anerkennung, die sich in Geld und Lob niederschlug. Aber ich wurde zunehmend erschöpfter. Mein Erfolg erfreute mich nicht, überhaupt verlor ich den Spaß am Sein. Rückblickend kann ich sagen: Über Jahre hinweg funktionierte ich – bis das Schicksal mir Bilder sandte, die alles veränderten. Ich meldete mich zu einem Mentalcoaching an und erinnere mich, als wäre es gestern gewesen, an zwei Fragen, die mir der Coach stellte.

Die erste lautete:

„Können Sie Ihren aktuellen Beruf erklären?" Ich setzte an, um meine Aufgaben zu beschreiben. Sie waren mir in Fleisch und Blut übergegangen. Wortgewandt beschrieb ich meine Tätigkeit – und der Coach filmte, während er zuhörte und sich von meinen Ausführungen beeindrucken ließ.

Dann formulierte er die zweite Frage, die Quantenfrage:

„Stellen Sie sich vor, alles wäre möglich, es gäbe keine Hindernisse, keine Vorbehalte. Stellen Sie sich vor, Sie könnten jenen Beruf ausüben, den Sie sich von ganzem Herzen für sich wünschen. Welche Tätigkeiten wären das?"

Ich antwortete spontan und mit einem Hüpfer im Herzen. Meine Stimme war fest und tief, ich beschrieb mit großen Gesten, was es wäre, konnte kaum auf dem Stuhl sitzen bleiben, so sehr erfüllte mich die Vorstellung, dieser mögliche Beruf würde wahr. „Was ich wirklich will", fuhr ich fort, „ist Menschen zu heilen, heilen, indem ich ihnen einen Weg aufzeige, ihre Selbstheilungskräfte zu wecken. Ich will Impulse setzen, die Visionen von einem gelingenden Leben wieder erfahrbar machen. Ich will sie für ihre Chancen im Leben begeistern, will sie mitnehmen in eine wunderbare Welt ihrer Fähigkeiten. Ich will ihre Herzen öffnen für ein Leben, das ihrer Urschwingung entspricht."

Der Coach zeigte mir wortlos die beiden Videoaufnahmen, und wenn ich daran heute zurückdenke, wird mein Rücken noch immer von einer Gänsehaut überzogen: In der ersten Aufnahme wirkte ich cool, überzeugend, eine Karrierefrau, die weiß, wovon sie spricht. Die Worte waren wohlgesetzt, die Haltung drückte Stolz aus auf das, was ich erreicht hatte. Aber ich strahlte nicht! Die Augen waren matt, nur eine schwache Lichtenergie war sichtbar. Wie anders wirkte ich auf dem zweiten Video! Meine Augen erzählten. Sie waren voller Sehnsucht und Licht; Stimme, Mimik, Gestik, alles schwang in Harmonie, die Worte waren weicher, fließender, alles fügte sich in einer natürlichen Weise ineinander. Dieser Moment, dieses *Jetzt* in meinem Leben, war jener Punkt nach dem Nullpunkt. Er war meine

Entscheidung, den Beruf zu ändern und meiner Berufung zu folgen. Es sollte noch zehn Jahre dauern, bis ich wirklich mutig genug war, diese Wende zu wagen, aber zu keiner Zeit zweifelte ich daran, dass mein Wunsch sich erfüllen würde. In diesen zehn Jahren sprudelte ich vor Energie. Neben meiner Tätigkeit als Marketingleiterin besuchte ich in der ganzen Welt bedeutsame Heiler und Lehrer, bildete mich wissenschaftlich weiter, zog mich immer wieder mit meinen Gedanken, Gefühlen und Hoffnungen in mein Herz zurück. Ich schliff an meinem Thema, übergab es mit meiner ganzen Kraft dem Quantenfeld und wusste, eines Tages würde sich alles leicht und stimmig anfühlen, alles würde sich in der Wirklichkeit entfalten.

Jede Idee hat ihren eigenen Rhythmus. Niemand außer Ihnen kann sagen, wann sie reif genug ist, um zur Wahrheit zu werden. Wichtig bleibt einzig, dass Sie sich Ihre Faszination für Ihr Potenzial erhalten. Lassen Sie sich von niemandem drängen – und von niemandem abhalten; finden Sie Ihren Takt und bewahren Sie sich den Glauben an Ihre Fähigkeiten. Dieses Grundvertrauen, dass sich Ihr Leben zu Ihren Gunsten entwickeln wird, ist die Basis für alles, was kommt. Nicht das Geld, nicht das Image, nicht die nächsten Karriereschritte oder Förderpläne in Konzernen bringen den wahren Erfolg. Sobald Sie sich Ihrer Berufung bewusst werden, werden Sie zufrieden sein, werden erfüllt sein mit lichtvoller Energie. Sie werden zu Leistungen fähig sein, die Sie sich zuvor nicht erträumten, und vor allem: Diese Höchstleistung erledigen Sie mit einem Lächeln in den Augen. Sie fällt Ihnen leicht und diese Leichtigkeit wirkt sich auch auf Ihre Gehirnwellen aus. Dort gelangen Sie in den Alpha-Modus. Auf diesem Frequenzband der elektrischen Impulse im Gehirn wirken Sie kreativ, aufmerksam und ruhig. Die Stresshormone reduzieren sich und es entsteht jene Kohärenz, die Sie gesund und glücklich hält.

Die anregende Ruhe
der Alphawellen im Gehirn

Milliarden von Neuronen im Gehirn kommunizieren miteinander. Sie erzeugen Impulse, um Informationen auszutauschen und zu speichern. Je nachdem, wie ein Mensch denkt und handelt, wechseln die Gehirnzellen ihren elektrischen Zustand und somit ihre Impulse. Dieser Zustand ist durch ein EEG messbar. Die sogenannten Gehirnwellen, die durch Spannungsschwankungen im Kopf entstehen, geben Aufschluss darüber, in welchem Zustand ein Mensch wirkt. Kurzum: Die Gehirnwellen verraten die mentale Aktivität und darüber hinaus den Grad von Ruhe oder Stress.

Die Wissenschaft unterscheidet Frequenzbänder, auf denen die Gehirnwellen schwingen:

1. Gamma

In einer Frequenz von mehr als 38 Hertz vollzieht der Mensch eine geistige Höchstleistung. Es besteht die Gefahr, sich zu überanstrengen, sich zu erschöpfen, wenn diese Phase zu lange anhält. Wichtig ist es, sie regelmäßig durch Meditation zu unterbrechen, um einer Gefahr der Überforderung entgegenzutreten.

▶ Anhaltende Stressphasen erzeugen Gamma-Schwingungen. Die sind schädlich, können Ängste, Schlaflosigkeit und Traurigkeit verursachen. Gedankenspiralen und Hyperaktivität sowie Überanstrengung sind die Folge. Vorsicht! Auf Dauer entsteht eine Inkohärenz.

2. Beta

In einer Frequenz von 12 bis 38 Hertz ist ein normal konzentriertes Arbeiten möglich, wenngleich die Aufmerksamkeit sich eher nach außen richtet als nach innen. Besondere Leistungen sind hier nicht möglich, zwar werden die Aufgaben erfüllt, aber weder wird ein Flow entstehen noch eine Entspanntheit. Menschen, die in einer Routine arbeiten, die nicht lieben, was sie tun, wirken oftmals in diesem Bereich. Hier glänzen die Augen nicht, weil keine Leidenschaft entsteht, weil die Aufgaben dem eigenen Potenzial nicht entsprechen.

▶ Wer ständig im Beta-Bereich wirkt, der verliert die Verbindung zu sich selbst. Inkohärenz ist die Folge. Ein Beruf, der auf Dauer die Gehirnwellen in diesem Bereich schwingen lässt, kann für eine Weile akzeptabel sein, sollte aber nicht als Ziel zementiert werden. Stress und Ängste finden in der Frequenz um 30 Hertz statt. Schalten Sie ab! Meditieren Sie. Bringen Sie Ihre Gedanken zur Ruhe und damit in den Alpha-Zustand der Gehirnwellen.

3. Alpha

In einer Frequenz von 8 bis 12 Hertz schwingt das Gehirn kreativ und entspannt, aufmerksam und konzentriert, es ist voller Energie, und das ist jener Moment, in dem die Augen strahlen, weil die Arbeit zum Potenzial passt und weil die Kohärenz mit dem Herzen entsteht. In diesem Zustand ist ein Flow möglich, dann beflügelt die Freude über die Aufgaben das Tun. Dieser Zustand wird oft als ein innerer Frieden beschrieben und als ein Eintauchen in das Jetzt. Er blendet aus, was stört, er nimmt auf, was bereichert. Menschen, die ihre Berufung gefunden haben, befinden sich im Alphawellen-Bereich.

▶ Der Alpha-Bereich ist die Schwingung des Herzens, er lenkt die Aufmerksamkeit auf das Hier und Jetzt, auf die Freude am Sein und auf das, was zukünftig möglich wird. In dieser leichten Art können sich die lichtvollen Gefühle entfalten und die Urschwingung eines Menschen wird deutlich, weil er in sich selbst ruht und doch in einer aufmerksamen Weise seiner Umwelt begegnet. Alpha-Wellen lassen das Durchbrechen alter Muster zu, wenn diese Muster hinderlich waren. Alles strebt nach Kohärenz und nach Glück, Alphawellen erlauben den Zustand der Harmonie.

4. Theta

In dieser Frequenz von 3 bis 8 Hertz schwingt das Gehirn im Traumzustand oder im Zustand der Meditation. Der Zugang zum Unterbewussten ist möglich, Visionen können aufsteigen und eine Ahnung davon, was geschieht, wenn man seine Wünsche an das Leben dem Quantenfeld übergibt. Im Theta-Zustand können, durch das Unterbewusste beeinflusst, Umprogrammierungen im Gehirn stattfinden. Es können sich Blockaden, Schmerzen lösen.

▶ Theta-Wellen erlauben, tief in Erinnerungen und Erfahrungen einzusteigen, sie können aufdecken, was wir mit den Jahren vergessen haben. In diesem Zustand kann es geschehen, dass wir für eine Weile gedanklich über uns hinaustreten und von einer Vision eines besseren Lebens überrascht werden.

5. Delta

In dieser Frequenz von 0,2 bis 3 Hertz schwingt das Gehirn im tiefen, traumlosen Schlaf. Dieser Bereich ist bislang wenig erforscht. Mehr Vermutungen als Beweise treiben die Phantasie voran, was geschieht, wenn das Bewusstsein weitgehend ausgeschaltet ist und ein aktives Unterbewusstsein das Denken leitet. Träume, Visionen, bewusste Beeinflussung von Bildern im Gehirn sind in diesem Zustand nicht mehr möglich, ebenso wenig das Spüren von Schmerz.

▶ Deltawellen haben einen enormen Einfluss auf die Selbstheilungskräfte des Körpers. Nach neuen Erkenntnissen der Neurobiologie werden in diesem Zustand vermehrt Wachstumshormone ausgeschüttet. Menschen nach spontanen Selbstheilungen weisen einen hohen Anteil von Deltawellen im Gehirn auf; das ist der Grund, warum nach einer intensiven Meditation, die sich mit dem Unbewussten verbindet, Rücken- oder Gelenkschmerzen oder Hautkrankheiten wie von Zauberhand verschwinden.

Bleibt die Frage: Woher können Sie den Mut nehmen, Ihren Beruf zu ändern und sich den damit verbundenen Zukunftsängsten auszusetzen?

Meine Antwort lautet: Wechseln Sie die Perspektive. Gehen Sie gedanklich aus Ihrer momentanen Situation heraus. Ihre Sorgen um Geld und Zukunft sind kleiner als Sie denken und die Lösungen liegen näher, als Sie erahnen. Erinnern Sie sich an meine Eingangszeilen zu diesem Kapitel, mit denen ich beschrieben habe, wie der Astronaut Alexander Geist aus einer hohen Perspektive auf unsere Erde gesehen und dabei einen weiten Blick in die Zukunft gewagt hat? Der spirituelle Psychologe Jack Kornfield formuliert es in seinen Büchern ähnlich, wenn er schreibt: „Auf diese Weise lassen sich auch Probleme oder schwierige Lebenssituationen aus einer universellen Perspektive heraus betrachten. Stellen Sie sich diese Situation vor Ihrem geistigen Auge bildlich vor, so als befände sich das Bild eben jetzt direkt vor Ihnen. Dann stellen Sie sich vor, Sie wären am Ende Ihres Lebens angekommen. […] Wirkt die Schwierigkeit immer noch unüberwindlich? Fragen Sie sich nun, wie aus dieser Perspektive eine weise und von Herzen kommende Lösung aussehen könnte."[18] (Kornfield 2008, S. 137)

Übung

Das Potenzial wiederentdecken

Denke daran: Die Energie folgt der Aufmerksamkeit. Deshalb finde für die folgende Übung eine klare Absicht. Sage dir: „Ich will formulieren, was mich wirklich ruft."

Begib dich in einen Raum, der dir angenehm ist, genieße eine Weile die Stille.

Nimm Papier und Stift zur Hand.

Setze dich entspannt auf einen Stuhl vor einen Tisch.

Lege eine Hand sanft auf dein Herz.

Spüre, wie die Hand auf deinem Herzen ruht, wie eine wohltuende Wärme entsteht. Die Wärme dehnt sich aus. Atme in diese Wärme hinein.

Schreibe nun die folgenden Fragen auf das Blatt:

1. Was wollte ich als Kind werden?

2. Welche Tätigkeit bringt mein Herz zum Lachen?

3. Was ist das innere Bild von meiner beruflichen Zukunft?

4. Was will ich am Ende meines Lebens beruflich vollbracht haben?

Schalte den inneren Kritiker aus; jede Antwort, die du aufschreibst, ist richtig.

Berühre wieder mit einer Hand dein Herz. Atme in dein Herz hinein.

Frage dich nun:
Was ist meine Vision von meinem Beruf, der zu mir passt, in dem mein Herz hüpft vor Freude, was will ich wirklich sein?

Finde eine klare Absicht. Stell dir vor, deine Zukunft ist JETZT.

Schreib deine lichtvolle Herzemotion auf, die du nun fühlst.

Lege deine Hand auf dein Herz und spüre nach.

Betrachte deinen Zettel und führe ihn zum Herzen.

Schließ noch einmal die Augen, empfinde deine klare Absicht, diesen Beruf in dein Leben zu rufen. Verbinde deine klare Absicht mit einer lichtvollen Herzemotion wie Dankbarkeit, Freude, Leichtigkeit, Helligkeit, Liebe für deine Berufung.

Verbinde die klare Absicht und dein Herzgefühl mit einem Symbol. Das kann ein Buchstabe, eine Farbe, ein Zeichen, eine Blume, ein Tier sein, was immer dir einfällt, es steht nun für deine Berufung.

Nimm dieses Zeichen täglich mit in deine Herzmeditation.

Wir sind geboren, um uns zu entfalten

Ihre Aufgabe im Leben ist es, glücklich zu werden. Mit der Geburt bereits haben Sie alle Voraussetzungen dafür erhalten. Es sind Ihre Gefühle, Ihre Gaben, Ihre Gedanken und Wünsche. Es ist Ihre Fähigkeit, aus dem irdischen Leben etwas Großartiges zu machen. Und sollten Sie sich auf Ihrem Lebensweg verlaufen haben, weil Sie falsch abgebogen sind, falschen Freunden folgten, Niederlagen erlitten, so dürfen Sie doch gewiss sein: Nach den Gesetzen des Universums finden wir an jedem Ort, zu jeder Zeit in unsere Urschwingung zurück. Was immer uns davon bislang abgehalten hat, welche Umstände uns auch immer sorgten, wir können entscheiden, von unguten Situationen loszulassen und uns wieder in Harmonie und Dankbarkeit dem Leben zuzuwenden. Wir sind nicht geboren, um in Armut, Krankheit oder Einsamkeit zu leben. Wir sind geboren, um uns zu entfalten, beruflich und privat.

Wenn ich mir vorstelle, welch ungeheure Kraft Menschen aufbringen, um sich über viele Jahre täglich zu einer Arbeitsstätte zu schleppen, an der sie nicht wirken wollen, dann hoffe ich, mein Buch ist ihnen eine Inspiration, wieder zur Urschwingung zurückzukehren. Ihnen will ich sagen: Sie dürfen von unliebsamen Aufgaben loslassen!

Schon mit dieser Idee von einer Möglichkeit, zu ändern, was ihnen schadet, öffnen sich neue Horizonte. Sie heben in diesem Moment wieder den Blick, sehen in die Weite, erkennen Chancen und damit neue Wege.

Was mir in der Zusammenarbeit mit Männern und Frauen auf der Suche nach einer Berufung als Erstes auffällt, ist das Leuchten in den Augen, wenn sie ihre Idee von einer stimmigen Aufgabe formulieren. Die Idee bereits hat eine Magie und die sollten Sie bei sich tragen, auf einem Zettel und versehen mit einem Zeichen. Sie sollten diese Idee täglich berühren. Ihre Energie wird dieser Aufmerksamkeit folgen.

Als Zweites fällt mir auf: Menschen, die auf ihrem Weg zur beruflichen Erfüllung andere mitnehmen, erreichen ihre Ziele schneller. Sie teilen und inspirieren. Nicht Neid oder Missgunst treibt sie voran, nicht die Angst, andere könnten besser sein. Nein, Menschen, die sich ihrem Potenzial nähern und sich fortwährend in diesem Stärkenbereich entfalten, äußern eine Gelassenheit und zudem den Wunsch, in einem Umfeld zu arbeiten, in dem gegenseitiges Fördern eine Bedeutung hat.

Nun höre ich oft den Einwand, aus finanziellen Gründen den Job nicht wechseln zu können. Ich finde diesen Einwand berechtigt und Sie sollten ihn ernst nehmen. Es mag sein, dass in Ihrer aktuellen Situation tatsächlich ein Berufswechsel im Moment nicht ratsam wäre. Dafür kann es zahlreiche und sehr persönliche Gründe geben. Sie sollten sich nicht unter Druck setzen, nicht etwas entscheiden zu einem Zeitpunkt, der für diese Entscheidung noch nicht reif ist. Halten Sie dennoch Ihre Ideen fest! Pflegen und nähren Sie diese, als wäre es das Kostbarste, das Ihr Herz Ihnen schenken kann. Berühren Sie täglich mit einem Gefühl der Dankbarkeit Ihr Potenzial.

Es gibt mannigfaltige Chancen, das zu tun, was Sie lieben – auch jenseits eines Acht-Stunden-Jobs. Meine Mutter zum Beispiel ist gesegnet mit einem Talent, Pflanzen gedeihen zu lassen. Sie hat einen grünen Daumen und eine Leidenschaft für alles, was blüht. Zwar hat sie nie ihr Unternehmen, das sie aufbaute, aufgegeben. Aber in ihrer freien Zeit hat sie sich der Gärtner-Arbeit verschrieben. Ihr Haus, ihr Garten, ihr gesamtes Lebensumfeld war seit jeher ein Meer aus blühenden, rankenden Pflanzen. Kaum war sie abends zu Hause, zog sie die Handschuhe an, legte sich die Utensilien zurecht und grub, harkte, schnitt an Pflanzen. Sie holte sich in dieser Zeit ihre Leidenschaft zurück, und diese Balance aus Pflicht und Kür hat ihr das Glück im Leben erhalten.

Der dritte Quadrant, die Berufung, muss nicht einhergehen mit risikoreichem Wechsel. Im besten Falle geschieht er leicht, integriert sich fließend in Ihr Leben. Eine talentierte Schreiberin wird vielleicht irgendwann ein Werk einem Verlag zusenden und der Lektor wird bereits auf den ersten Seiten von der Sprachfreude elektrisiert sein und das Werk verlegen. Eine Frau mit der Gabe, Menschen zuzuhören, wird vielleicht in der Pfarrei eine Freiwilligenaufgabe übernehmen, um in Krisen zu helfen. Es gibt endlose Möglichkeiten und immer findet sich in dieser Endlosigkeit eine Stelle, an der Sie mit Ihrer Ursignatur gut aufgehoben sind. Werden Sie niemals müde, danach zu suchen, werden Sie niemals hoffnungslos, es gebe für Sie nicht den perfekten Platz. Sie werden sich entfalten wie eine Baumkrone, in alle Himmelsrichtungen erblühen, wenn Sie an Ihrem Potenzial festhalten. Ich kann Ihnen keine Zeitstrecke nennen, auf der es Ihnen gelingen wird, Ihre Berufung zum Beruf zu machen, aber eines verspreche ich Ihnen: Sie werden Ihre Energie verändern, sobald Sie wissen, wie einzigartig und talentiert Sie sind. Sie werden am Ende nichts bereuen, wenn Sie Ihr Potenzial, Ihren persönlichen Diamanten schleifen, denn jeder Schliff ist ein Teil Ihres Glücks.

Haben Sie den Mut, Ihrem Potenzial zu folgen.

Haben Sie den Mut, innezuhalten und sich die Quantenfrage zu stellen: Was würde ich sein wollen, gäbe es keine Hürden, keine Zweifel, gäbe es alle Chancen für mich?

Haben Sie den Mut, diese Antwort zu Ihrem Credo zu machen. Und denken Sie daran: Sie sind auf der Welt, um in Fülle zu leben.

Übung

Zurück zur Signatur
der Urschwingung

Mit dieser Meditation verbindest du die klare Absicht, deiner Berufung zu folgen, mit den lichtvollen Herzemotionen.
Du findest zu deiner Urschwingung zurück. Du strahlst durch dein Denken, Handeln, durch dein Herz, deinen Körper, durch jede Zelle aus, was dein Bestreben ist, und damit verändert sich deine Energie. Nach dem Gesetz der Resonanz wirst du erhalten, was für dich stimmig ist. Du wechselst in den kohärenten Zustand der Alpha- und Theta-Wellen im Gehirn und wertschätzt die Antworten und Emotionen deines Herzens.

In die Meditation gehen

Setze dich bequem, mit geradem Rücken auf einen Stuhl.
Gerne kannst du die Lehne als Stütze nutzen.

Gehe mit der Aufmerksamkeit zu deinen Füßen.
Spüre, wie die Fußsohlen flach auf dem Boden stehen.

Der Boden trägt dich.

Gehe mit deiner Aufmerksamkeit zum Becken.

Spüre, ob sich das Becken für dich gut anfühlt.
Nimm die Freiheit wahr, die das Becken im Raum hat.

Gehe mit deiner Aufmerksamkeit zu deinen Schultern.
Spüre, ob sich der Schultergürtel für dich gut anfühlt.
Nimm die Freiheit wahr, die deine Schultern im Raum haben.

Lege die Hände entspannt auf deine Oberschenkel.
Öffne die Handflächen nach oben.

Den Rhythmus des Herzens spüren

Schließe deine Augen und richte innerlich deine Aufmerksamkeit auf dein Herz. Lege eine Hand flach auf dein Herz. Spüre, wie deine Hand entspannt auf deinem Herzen ruht.

Genieße diese ganz persönliche Berührung und erlaube dir, dich weiter zu entspannen. Atme langsam und sanft, zähle beim Einatmen bis vier und beim Ausatmen bis sechs.

Verweile mit deiner Aufmerksamkeit in dieser Entspannung. So wie du atmest, so ist es gut.

Verschmelzung deiner klaren Absicht mit deinen Herzemotionen

Atme weiter in dein Herzzentrum ein und atme aus.

Halte deine Aufmerksamkeit im Herzzentrum.

Spüre die Wärme unter deiner Hand.

Entspanne dich, gib dich dem Gefühl der Wärme unter deiner Hand hin, nimm wahr, wie die Wärme zum Licht und das Licht strahlend wird.

Erinnere dich nun an dein berufliches Symbol, an das Zeichen, die Farbe oder das Bild, das du für deinen Beruf kreiert hast.

Nimm beim nächsten Atemzug dein berufliches Symbol voller Freude in deinen Herzraum auf.

Schenk dem Symbol deine ganze Aufmerksamkeit und atme in dein Symbol im Herzraum ein und atme aus.

Mit jedem Atemzug wird das Symbol größer und prächtiger.

Atme entspannt in dein Symbol ein und atme aus.

Nach einem Moment kannst du spüren, wie aus dem Zentrum deines Symbols im Herzraum wundervolle Herzgefühle strahlen, wie die Energie der Dankbarkeit, der Kraft, der Freude sich ausdehnt.

Atme weiterhin entspannt und achtsam in dein Symbol ein und atme aus.

Erkenne, wie diese Lichtstrahlen nun deinen ganzen Körper, jedes Organ und jede Zelle, durchströmen.

Die Energie und Kraft dieser lichtvollen Herzgefühle strömt weiter über deine Haut hinaus in den Raum.

Atme weiter ohne Druck voller Freude ein und atme aus.

Gib dich deiner Berufung hin, lass deine Energie sich weiter ausdehnen, lass sie höher steigen, spüre das Glück in dir und atme weiter in dein Herz ein und atme aus.

▶ Diese Übung verlangt deine gesamte Hingabe und kann bis zu einer Stunde dauern. Aber auch 15 Minuten täglich werden deine Schwingungssignatur verändern. Bleib dran! Und lass dich überraschen, welch neue berufliche Möglichkeiten das Universum dir sendet.

Literatur Kapitel 9

16 Quelle: https://www.faz.net/aktuell/gesellschaft/iss-kommandant-alexander-gerst-ist-zurueck-auf-der-erde-15951660.html (Zugriff am 27.12.2018).

17 Quelle: https://www.manpowergroup.de/fileadmin/manpowergroup.de/Studien/MPG_InfoGraphic_Jobzufriedenheit_2018-Juni.pdf (Zugriff am 23.12.2018).

18 Kornfield, Jack: „Das weise Herz". München: Arkana, 2008.

Quadrant 4 – Streben nach finanzieller Freiheit

Reden wir über Geld. Reden wir darüber, was Geld für Sie bedeutet. Macht, Einfluss, Luxus – oder gute Gefühle? Sie mögen denken, dass Geld in Ihrem Leben viel Raum einnimmt, dass sogar Ihr Glück exponentiell mit der Summe auf Ihrem Bankkonto steigt. Damit sind Sie nicht allein. Viele Menschen verbinden Glück mit Geld. Sie nähren den vierten Quadranten der Finanzen mit Hingabe. Sie sorgen sich um ihn ohne Unterlass – und genau das ist ein Fehler. Häufig entsteht eine Imbalance zwischen den Quadranten. Dann vernachlässigen sie die Gesundheit um des Geldes willen. Dann verkümmert ihre Selbstliebe, weil sie Aufgaben erledigen, die zwar ein hohes Gehalt versprechen, aber nicht ihr Herz berühren.

Menschen mit einem überdimensionalen Fokus auf ein finanzielles Vermögen sind oftmals unzufrieden. Denn einmal in der geldwerten Spirale angekommen, wollen sie mehr und mehr vom Gleichen. Sie jammern über einen gefühlten Mangel, statt dankbar zu sein für das, was sie besitzen. Diese Art der Fokussierung stresst. Wer die Geldvermehrung wie einen Kampf betrachtet, wie ein kräftezehrendes Unterfangen, der hat seine Ursignatur mit Gier oder Geiz überdeckt.

Ich kann verstehen, wenn ein Ziel im Leben lautet, finanziell unabhängig zu sein und frei zu agieren. Jedoch sollte dieses Ziel mit Freude und Dankbarkeit erreicht werden – und nicht einhergehen mit Erschöpfung. Reich zu werden, sich vermögend zu fühlen, ist ein Geschenk der Natur, Sie haben es bereits mit der Geburt erhalten, es prägt Ihre Zellen. Aktivieren Sie diese Gabe, seien Sie bereit dafür, das Beste zu empfangen – und zu teilen. Denn Reichtum verpflichtet. Das Universum gibt, wenn auch Sie bereit sind zu geben.

Betrachten wir also den vierten Quadranten aus einer spirituellen Perspektive und lassen wir Ihren Wunsch nach Geld sehr groß werden, so groß, dass Sie sorgenfrei und dankbar sein und sagen dürfen: „So wie es ist, so ist es gut, so bin ich reich." Betonen möchte ich: Geld hat nicht für jeden Menschen den gleichen Wert. Mag der eine Freude daran empfinden, sich auf ein Minimum an Kosten zu beschränken und in Bescheidenheit zu leben, so kann ein anderer erst Freude empfinden, wenn er einen Sportwagen, ein Haus und materiellen Prunk besitzt. Das alles ist in Ordnung, wenn es die Kohärenz zwischen Herz und Verstand aufrechterhält. Solange Sie, wenn Sie an Geld denken, ein gutes Gefühl haben, sind Sie nicht arm. „Armut besteht darin, sich arm zu fühlen", sagte der Philosoph Ralph Waldo Emerson – und hatte recht. Für ihn war Selbstvertrauen das Mantra des Lebens, und genau diesen Herzenswert möchte ich auch Ihnen für den vierten Quadranten mitgeben: Vertrauen Sie auf Ihr Potenzial, Ihre Intention, vertrauen Sie darauf, dass Sie in Ihrem Leben das erhalten, was Sie sich wirklich erträumen. Den Schlüssel halten Sie in Ihren Händen, er besteht in Ihrer Bereitschaft, spirituell zu denken und sich in Selbstliebe und Gelassenheit zu üben. Sie dürfen jederzeit und zu jedem Thema diesen Schlüssel benutzen, den Herzraum damit aufschließen, eintreten in Ihre wunderbare Mitte. Sie dürfen sich geschützt und inspiriert fühlen und die Klarheit erkennen, die in Ihnen ist.

Vermögen, wie ich es verstehe, baut sich Schicht um Schicht mit großzügiger Freude im Leben auf, und jede Schicht besteht aus einer intensiven Lichtfarbe, aus der Farbe Ihrer persönlichen Ur-Signatur. Schließen Sie einmal die Augen und fragen Sie sich: In welchen Nuancen möchten Sie Ihr Bild von Reichtum malen? Gold, purpur, blau, weiß? Alles ist richtig, wenn es Ihrer Sehnsucht und Ihrer Vorstellung von Schönheit entspricht. Denn Geld sollte für Sie nicht nur eine nüchterne Materie sein. Es gewinnt einen umso höheren Herzenswert, wenn es für Sie eine persönliche Ästhetik ausstrahlt. Erträumen Sie sich Ihr Bild von Reichtum, so wie Sie es mögen. Fügen Sie diesem Bild die kostbarsten Pigmente hinzu, die perspektivische Weite, gehen

Sie verschwenderisch mit Ihrer Fantasie an die Sache heran. Nicht auf die Hindernisse sollen Sie blicken. Die Chancen sind Ihr Fokus. Es gibt, um innerlich und äußerlich reich zu werden, vier Voraussetzungen, und jeder kann sie erfüllen:

1. seine Träume nie zu vergessen, sie nie durch Stress und Fremdbestimmung verkrusten zu lassen;
2. seine Träume mit dem Potenzial, den eigenen Gaben und Stärken, in Einklang zu bringen;
3. einen persönlichen, im Herzen entstandenen Plan zu formulieren, um das zu werden, das zu erreichen, wovon Sie träumen;
4. sich selbst zu versprechen, diesen Plan umzusetzen, was immer geschieht. Dieser Plan ist Ihr Herzensvertrag, er hat eine solche Kraft, dass er Sie vollständig mit lichtvoller Energie erfüllt und bis in Ihre Zellen vordringt und von dort durch jede Ihrer Poren in die Welt, ins Universum strahlt.

Vom Wert des Geldes

Wer sich mental und körperlich nur um das Geld dreht, der vergisst, das Leben wertzuschätzen, die kleinen, berührenden Momente zu betrachten. Der vergisst auch, dass Geld nur eine wertneutrale Materie ist, deren Wert erst mit den Herzgefühlen steigt. Sie messen dem Geld einen Wert zu, Sie entscheiden, welcher Grad an Reichtum für Sie richtig ist.

Die Ratschläge der Finanzexperten beäugen lediglich die äußere Situation. Die Entwicklungen an der Börse, die Senkung der Zinsen, die steigenden Teuerungsraten und die Arbeitslosigkeit, die nationale wirtschaftliche Lage sind die Kriterien für ein Programm der Vermögensbildung. Reden wir Klartext: Nach solchen Beraterformeln, vorwiegend ausgesprochen von den Beratern in Banken, sollen Sie verzichten, sparsam sein, gläubig fremden Strategien folgen. Es ist durchaus möglich, bei divergenter Streuung der Beträge ein relativ konstantes Wachsen des Geldes zu bemerken. Es mag sein, dass sich über viele Jahre das Geld vermehrt, dass Sie nach 20 Jahren Sparsamkeit und Mangeldenken über eine gewisse Summe verfügen. Es mag sein, dass mit Anstrengung und auch mit Geiz eine Summe x sich monatlich erhöht, aber bedenken Sie, wie hoch der Preis dafür ist. In diesen 20 Jahren werden wahrscheinlich Ihre Haare grau, weil Sie die Berg- und Talfahrt der Aktienindizes aufgeregt hat. Sie haben wahrscheinlich auf Träume verzichtet, weil eine solche Strategie keine Position für Träume vorsieht. Sie drehen sich wahrscheinlich mit 65 Jahren um, blicken auf Ihre Vergangenheit und fragen sich, ob dieser Weg nicht auch freudiger und erfüllender hätte sein können, wenn Sie mehr auf Ihr Herz gehört hätten, denn dieses Herz in Ihnen stolpert zu oft und pumpt zu heftig, als würde es sich aufbäumen gegen Ihre Jahre währenden Versuche, seine Hellsichtigkeit zu ignorieren. Und nun ist es darüber krank geworden. Und ganz langsam dämmert es Ihnen: Auch die Million auf dem Konto kann Ihnen keine Gesundheit schenken.

Nicht das Horten auf Konten vermehrt das Geld, sondern das Teilen zu guten Zwecken. Reiche Menschen gründen Stiftungen, unterstützen karitative Einrichtungen, sie schmälern die Not auf diesem Planeten. Sie atmen Reichtum und Großzügigkeit aus und atmen beides wieder ein. Das Gesetz der Resonanz haben reiche Menschen verstanden und wenden es mit Freude an. Sie geben dem Wert des Geldes eine helle Anmutung. Weit vom Mangeldenken entfernt eröffnen sie sich Räume, um mit großer Geste zu wirken. Und mit jeder Geste genießen sie es, auf der richtigen Frequenz zu schwingen.

Drei Schritte, um sich auf die Frequenz des vierten Quadranten einzustimmen:

1. Wertschätzen Sie Ihr Potenzial.
2. Empfinden Sie eine wärmende Dankbarkeit für Ihr Potenzial.

3. Stärken Sie Ihre Selbstliebe und sagen Sie sich, dass Ihnen in diesem Leben das Beste zusteht, das Sie sich erträumen. Sie sind es wert!

Mit diesen drei Gedanken gelangen Sie aus einem bewussten oder unbewussten Mangeldenken hinaus. Selbst wenn Ihre Umstände aktuell misslich sind, halten Sie mit diesen drei Schritten Ihr Potenzial im Blick. In einer tiefen Überzeugung, dass sich eine ungeliebte gegenwärtige Situation nicht verfestigen wird, bleiben Sie in einer Kohärenz, egal was im Außen stört. Sie fühlen sich in Ihrem Herzen geborgen, geschützt und zuversichtlich. Sie vertrauen dem Universum. Nach allen Erfahrungen seit Menschengedenken wird dieses Universum, diese Unendlichkeit aller Möglichkeiten wohlwollend sein, wenn Sie Ihr Potenzial entfalten, das verspreche ich Ihnen.

Es mag sich nicht sofort eine Veränderung zeigen, es gibt dort in der unendlichen Weite keine Deadline für Ihre Wunscherfüllung, aber es gibt die Gewissheit, dass Sie Ihren Platz finden werden, wenn Sie sich niemals selbst aufgeben. Deshalb halten Sie Ihren Plan in der Hand, mit dem Sie Ihre Ausgaben bestimmen, beobachten Sie auch Ihre Einnahmen und denken Sie darüber nach, wie Sie diese gemäß Ihren Talenten und Stärken erhöhen können. Aber vergessen Sie über diese Planung bitte nicht Ihre Herzmeditationen. Sie geben Ihrem Plan erst den Glanz der persönlichen Träume und sie ermöglichen letztendlich das Gelingen. Als ich mich entschied, den hochbezahlten Job im Konzernmarketing mangels Freude und Gesundheit aufzugeben, da hatte ich einen Plan von meinem weiteren Weg in der Schreibtischschublade, man nennt das Businessplan. Ich habe Ziele formuliert, Maßnahmen erarbeitet, ich habe einen Finanzrahmen erstellt. In einer analytischen Weise habe ich eine mögliche Berufsentwicklung vorhergezeichnet. Die Ängste um das Geld habe ich zur Seite geschoben! Stattdessen habe ich meine neue berufliche Zukunft, die mein Potenzial zur Entfaltung bringen sollte, mit Herzmeditationen begleitet. Ich habe

Glitzer über diesen Faktenplan rieseln lassen, habe Wünsche, Sehnsüchte, habe Vorstellungen ins Universum gesendet und dabei meine Energiefrequenz auf Fülle und Freude, auf Dankbarkeit eingestimmt und das Herz mit der Hand mehrmals täglich sanft berührt. Ich habe Visionen kreiert von meiner Zukunft. Das alles liegt nun 25 Jahre zurück und ich darf Ihnen heute sagen: Es hat sich mehr erfüllt, als ich mir vorstellte! Nie wieder würde ich nur einen Tag auf die Zwiesprache mit meinem Herzen verzichten können. Sie ist mehr als ein Ritual, sie ist über die Jahre zu einem Lebenselixier geworden. Mein Herz ist für mich eine Quelle der Freude und Inspiration, ich verneige mich täglich vor diesem Wunderwerk und damit verneige ich mich in Dankbarkeit vor dem Leben.

Warum ich Ihnen das erzähle? Nun, ich weiß, wie es sich anfühlt, unten zu sein, zu zögern mit der Selbstliebe und der Zuversicht. Geldsorgen können aufzehrend sein. Aber sagen Sie sich, dass Sie aktuell an einem Nullpunkt, an dem Punkt der Neutralität stehen, von dem aus Sie Ihre Situation verändern können, wenn Sie es wirklich wollen. Sie dürfen dem Quadranten Geld eine Bedeutung geben, dürfen ihn nähren mit Ihren Gedanken und mit Ihrem Handeln. Wichtig bleibt: Was immer Sie sich an Geld und Vermögen wünschen, senden Sie diese Wünsche vom Herzen aus.

Übung

Die Zellen programmieren

Schlagen wir einen großen historischen Bogen: Seit mehr als 2000 Jahren herrschen auf der Erde negative Umstände wie Krieg, Verlust, Seuchen, Armut, Hunger, Angst, Not, Zerstörung. Diese Erfahrung unserer Ahnen schwingt mit, denn niemals stirbt je eine Energie, je eine Erfahrung. Vielmehr wird beides weitergegeben von Generation zu Generation. Als epigenetische Tags finden sich diese Vorkommnisse der Weltgeschichte in der DNA aller Menschen. Sie heften sich an die Gene, wirken weiter. In einer subtilen Weise beeinflussen sie unser Denken und Handeln. Der Zellbiologe Bruce Lipton schreibt in seinem Buch „Intelligente Zellen" dazu: „Da jedes Atom sein eigenes, spezifisches Energiemuster hat, seine ‚Schwingung' sozusagen, besitzen auch Zusammenschlüsse von Atomen (Moleküle) ihr eigenes, identifizierbares Energiemuster. So hinterlässt jede materielle Struktur im Universum, auch Sie und ich, ihre eigene, einzigartige Energiesignatur." (Seite 116)[19] Abgestimmt auf das Thema des vierten Quadranten des Geldes kann das bedeuten, dass Sie im Unterbewusstsein dem Geld eine schwierige, krisenhafte Bedeutung geben. Oder mit anderen Worten: Das Erbe des Geldes ist für Sie mit negativen epigenetischen Informationen versehen. Sie können das verändern! Sie können die negativen Umstände verlassen und sich auf eine andere Frequenz einstimmen, dort wo Fülle, Freude, Chancen, Dankbarkeit, Glück blühen. Denn auch diese Umstände hat die Geschichte der Welt gespeichert.

Programmiere dich um

Stell dir vor, du installierst ein Update: kein Mangeldenken, nur noch die Vorstellung von einem gelingenden Leben.

Setz dich bequem hin.

Berühre mit der Hand sanft dein Brustbein.

Frage dich: Welches Gefühl verbinde ich mit Geld?

Wird dein Burstkorb eng oder weit?

Entscheide dich nun bewusst für die Weite in deinem Herzen, atme in diese Weite ein und aus.

Stell dir dein Leben als eine wunderbare Erfolgsstory vor. Alles ist möglich, was du dir wünschst.

Atme in diese Vorstellung von Reichtum in deinem Herzen. Atme ein und aus und spüre die Wärme, die vom Herzen ausstrahlt.

Sieh vor deinem geistigen Auge, wie Geld zu dir fließt. Lass diese Vorstellung hell, farbig, wärmend werden.

Atme ein und aus. Nimm dieses Bild in dein Herz.

Empfinde Leichtigkeit, Freude, Zuversicht und Dankbarkeit. Lass diese Gefühle deinen Körper durchströmen. Nimm diese Gefühle in deine Zellen auf. Atme weiter in dein Herz.

Verbinde in deinem Herzen deine Liebe zu dir selbst mit der Liebe zum Geld.

▶ Der Unterschied zwischen reichen und ärmeren Menschen ist, dass reiche Menschen gute Gefühle mit Geld verbinden. Sie lieben es, reich zu sein, sie erfreuen sich an ihrem Vermögen und es ist ihnen ein Anliegen, ihren Spielraum täglich zu erweitern. In ihrem Unterbewusstsein läuft die Programmierung: Mir steht es zu, reich zu sein! Der Satz des Laotse scheint ihr Leitsatz zu sein: „Wenn du begreifst, dass es an nichts mangelt, dann gehört dir die ganze Welt."

Demut und Dankbarkeit wahren

In Europa, besonders in Österreich, der Schweiz und in Deutschland, gibt es aktuell kaum wirkliche Armut. Ich bin sogar versucht zu sagen: Dort leben Menschen vornehmlich im Wohlstand. Sie genießen die Freiheit, dort zu sein, wo sie sein wollen, das zu arbeiten, was sie lieben, das zu äußern, was ihnen wichtig ist. Sie dürfen sich des Friedens und politischer, gesellschaftlicher und wirtschaftlicher Stabilität bewusst sein, wenn sie abends zu Bett gehen. Über Nacht wird sich an den Rahmenbedingungen nichts verändern, keine Krise wird sie aus dem Schlaf reißen und keine Gefahr aus dem Haus treiben. Menschen in Europa dürfen sich auf der Pyramide der Bedürfnisse weit oben wähnen. Längst dreht sich das Denken nicht mehr um Wahrung der Existenz.

Die unteren Stufen dieser Pyramide, wo die Sorge um Nahrung, Wärme, Schutz und soziale Akzeptanz vorherrschen, haben sie überwunden. Vielmehr bewegen sich die meisten Menschen auf die Spitze zu, dort, wo sie sich mit ihrem individuellen Lebenssinn beschäftigen dürfen. Mehr noch: Sie dürfen sich fragen: Wo, wie und wann kann ich mein Potenzial entfalten und dadurch meinen Träumen nahekommen? Sie können diese vielleicht sogar in Materie verwandeln. Welch ein Geschenk ist die Frage, und welch ein Glück, wenn Sie darauf Ihre Antwort finden! Wir in Europa sollten uns dieses hohe Niveau, auf dem wir leben dürfen, täglich vor Augen halten. Wir sollten dankbar sein und auch demütig, denn beide Emotionen sichern uns das gute Leben.

Dass Marie eine Karrierefrau war, sah ich auf den ersten Blick. Teuer gekleidet, klar in der Sprache, ein Auftreten, das Selbstbewusstsein ausdrückte. Sie stand mir gegenüber und sagte: „Ich habe alles erreicht, was ich mir vorgenommen habe. Ich bin Managerin in einem international agierenden Unternehmen, ich verantworte den Erfolg eines Teams, werde mit herausfordernden Projektaufträgen betraut. Ich habe einen Mann, den ich liebe. Ich habe ein Haus in der besten Adresse der Stadt. Ich kann reisen, Golf spielen, habe Freunde. Aber ich habe nie genug. Ich bin unzufrieden." Sie betonte ihre Sätze, als würde sie ein Referat vor Publikum halten, und als sie stoppte, hatte ich das Gefühl, sie erwarte nun Applaus. Ich schwieg, nahm ihre Lichtenergie wahr, bemerkte, wie verhalten sie strahlte, als hätte jemand ihr Licht heruntergedimmt. Marie redete in mein Schweigen hinein, erzählte von dem Luxus, den sie sich gönnte, von dem Geld auf ihrem Konto, auch gesundheitlich sei sie in bester Verfassung. Ich warf ein, dass normalerweise Männer und Frauen zu mir kämen, weil sie einen Mangel spürten, weil einer der vier Quadranten schwach geworden sei. Sie steckten in einer Sackgasse, seien von einer Krise gebeutelt. Marie wischte mit der Hand durch die Luft, als wollte sie meine Worte löschen. Dann sagte sie: „Verstehen Sie nicht? Ich bin unzufrieden, obwohl alles bestens scheint. Ich leiste mir viel – und freue mich über nichts. Da ist eine Leere in mir. Und die nenne ich Mangel." Marie beschrieb, wie sie mehr und mehr Materielles anhäufte, wie das schlechte Gewissen sie deswegen plagte. „Aber ich muss das tun, ich muss immerzu einkaufen, Geld vergeuden, muss mir beweisen, dass ich in der Lage bin, zu kaufen, was ich besitzen will. Und dann geht es mir schlecht. Ich packe die Tüten nicht mal aus!"

Wir fanden heraus, dass Maries Kernsatz der Kindheit folgender war: „Das ist zu teuer, das kannst du dir nicht leisten." Als Kind lebte sie in der Entbehrung, und als Erwachsene wollte sie unbewusst dieses Muster auflösen. Sie bewies sich nahezu täglich, dass sie reich ist, aber dieser Beweis fand im Außen statt – er entsprang nicht ihrem Herzen. „Eigentlich sind meine Kaufeskapaden nur Trotzreaktionen." Ich war erstaunt darüber, dass sie diese Zusammenhänge derart klar benannte. Ich bat sie zunächst, diesen hinderlichen Glaubenssatz umzuformulieren in: „Ich darf mir leisten, was mir gefällt. Es steht mir zu, ich bin es wert." Danach leitete ich die Meditation zur Herzöffnung an. Dort, wo Marie oft eine Leere spürte, füllten wir das Herz mit den Emotionen von Dankbarkeit und Demut. Wir ließen diese beiden Emotionen hell und warm werden, ließen sie durch den Körper, durch die Haut, in den Raum leuchten. Als Marie die Augen öffnete, glänzten sie. „Diese Dankbarkeit nehme ich mit nach Hause und lege sie über all das, was ich mir leisten kann." Einige Wochen später schrieb sie mir, wie Dankbarkeit und Demut ihr Denken und Handeln verändert hätten. Sie freue sich über ihren Beruf, ihre Partnerschaft, gebe weniger Geld aus. Nicht, weil sie geizig geworden sei, sondern weil es keine Leere mehr in ihr gebe, die sie stopfen müsse. Marie hat ihren gefühlten Mangel mit ihren Herzemotionen getilgt.

Fühlen Sie sich auch oftmals im Mangel festsitzend, obwohl Sie gesund sind, einem erfüllenden Beruf nachgehen, obwohl Familie und Freunde Sie wertschätzen und obwohl Sie keine finanziellen Sorgen haben? Da befinden Sie sich in großer Gesell-

schaft, denn durch alle Länder tönt eher eine Weltuntergangs-
stimmung als die Freude darüber, dass wir nie besser lebten als
heute. Rufen Sie laut: „Stopp", wenn Sie diese destruktiven
Gedanken wahrnehmen. Unterbrechen Sie sie, bevor sie sich
verfestigen und zur Spirale aufdrehen. Wenden Sie sich mit der
Schulter um. Blicken Sie in Wohlstand und Fülle. Atmen Sie
Dankbarkeit ein und atmen Sie Dankbarkeit aus.

▶ Bei negativen Gedanken stolpert Ihr Herz. Es reagiert mit
einem nicht-rhythmischen Schlagen, und das führt zu einer
Inkohärenz, was wiederum die Mixtur Ihrer neuronalen Botenstoffe beeinflusst: Stress, Traurigkeit, Wut, Hilflosigkeit entstehen. Und sollten sich Ihre Gedanken festsetzen, sollte diese
schädliche Mixtur über längere Zeit im Körper kreisen, dann
wachsen diese Gedanken zu Mustern, die Ihnen irgendwann
vertraut werden. In der Folge werden Sie unzufrieden, krank,
Ihre Quadranten im Leben werden brüchig. Das Leiden wird
zur Gewohnheit. Was klein begann, nämlich mit einem Gedanken, das weitet sich zum Weg, zur gepflasterten Straße, zur neuronalen Autobahn. Nach dem Gesetz der Resonanz atmen Sie
das Leiden aus und wieder ein – und mit jedem Atemzug ver-
stärken Sie den Mangel.

Das Spiel mit dem Geld

Kennen Sie Dagobert Duck, die kleine reiche Ente, die über
jede Feder hinaus leuchtet, wenn sie zum Kopfsprung in das
Goldmünzenbad ansetzt? Von ihr können wir lernen, denn sie
hat eine Botschaft: Geld ist Freude! Geld ist Dankbarkeit! Geld
ist ein Faden im Glücksstoff.

Wenn ich meine Rechnungen bezahle, dann freue ich mich
darüber. Ich kann kraft meiner Berufung und Leistung die
geforderten Summen überweisen. Ich bin dankbar und schreibe
neben das Datum ein Danke. Wenn ich im Laden bezahle, dann

lege ich den Geldschein mit der Bildseite nach oben und flüstere Danke hinzu. Ich sehe der Verkäuferin in die Augen und freue mich, dass der Geldschein nun in ihrer Hand liegt. Wenn ich im Restaurant nach einem guten Essen dem Kellner die Kreditkarte in die Hand gebe, dann sage ich Danke. Ich bin dankbar, dass ich zahlen kann, und nehme das nicht als Selbstverständlichkeit. Dankbarkeit und Demut sind jene Gefühle, die Ihr Geld in einer spirituellen Weise sichern. Was immer Sie wählen, ob das Wort Danke oder eine kleine Geste der Demut, es wird eine spielerische Leichtigkeit in das Thema Geld bringen und diesem Mammon die Härte nehmen. Seien Sie kreativ. Vielleicht möchten Sie kurz Ihr Herz berühren? Oder Sie lächeln oder nicken? Je mehr positive Energie Sie mit Geld verbinden, desto mehr potenziert es sich. Denn Geld ist nichts anderes als Energie, als Licht, als Schwingung. Lassen Sie diese Schwingung hell werden und dann teilen Sie sie mit der Welt.

Ich werde oft gefragt, ob es sinnvoll ist, einen Wunschzettel ins Universum zu senden, einen Wunschzettel, an dessen erster Stelle die Geldvermehrung steht. Meine Antwort lautet: jein. Ihr Wunsch wird sich nicht erfüllen, wenn Sie ihn lediglich aufschreiben und absenden. Sie müssen daran glauben, daran arbeiten, müssen diesen Wunsch in Ihr Herz, Ihre Gedanken, Ihre Zellen nehmen. Nicht das bloße Aufsagen, nicht die positive Suggestion bringen Sie weiter. Es gehört viel mehr dazu: die Absicht, der Plan, die Herzöffnung, die Potenzialentfaltung und darüber hinaus der Wille, unter allen Umständen diesen Wunsch zu realisieren. Sie dürfen niemals an sich zweifeln, dürfen dem Ego keinen Raum geben. Allein Ihr Herz soll diesen Wunsch verinnerlichen und mit seinem Takt nach innen und außen tragen. Vom Herzen aus geht dieser Reichtum, der sich dann mit Hilfe des Universums materialisieren wird. Dann lautet Ihr Mantra:

- Ich liebe es, Geld zu geben und Geld zu empfangen.
- Ich bin dankbar für den inneren und äußeren Reichtum.
- Ich erlaube mir, Geld dankbar und in Freude anzunehmen.

Mit diesen Sätzen werden Sie ein aktuelles finanzielles Tief überwinden. Es kann sein, dass Sie im Moment einen tatsächlichen Mangel an Geld erleben. Lassen Sie diesen nicht fest und starr werden. Nehmen Sie an, was ist, um sich dann auf eine andere Frequenz einzuatmen.

Übung

Reichtum ist eine Entscheidung

Reich zu sein, ist eine Entscheidung. Die Natur sieht vor, dass wir in der Fülle leben, uns entfalten dürfen, dass wir reich und glücklich sind. Daher ist es ein Irrtum des Geistes, wenn wir jammern und uns im Mangel bewegen. Um die unendliche Weite, die schier grenzenlosen Möglichkeiten des Universums einzuatmen, um unsere Bestimmung zu finden und als Signatur in uns abzubilden, öffnen wir mit der folgenden Übung den Herzraum. Wir lassen unserer Fantasie freien Lauf und kreieren den Reichtum.

Vorbereitung

Begib dich in einen Raum, der dir angenehm ist, genieße eine Weile die Stille.

Nimm Papier und Stift zur Hand.

Setze dich entspannt auf einen Stuhl vor einen Tisch.

Lege eine Hand sanft auf dein Herz.

Spüre, wie die Hand auf deinem Herzen ruht, wie eine wohltuende Wärme entsteht. Die Wärme dehnt sich aus. Atme in diese Wärme hinein.

Welche Fantasie von Reichtum leuchtet in deinem Herzen auf?

Was sind deine Wünsche? Denke groß und weit, es gibt keine Grenzen, keinen inneren Kritiker, alles ist möglich.

Schreibe mindestens zehn Dinge, die du besitzen möchtest, auf das Papier.

Nimm diese Dinge mit in dein Herz.

Lege die Hand wieder auf dein Brustbein und gib diesen Dingen eine Form, eine Farbe, eine Haptik, einen Duft. Lasse sie mit dem Herzen verschmelzen, so dass sie zu flüssigem Gold werden.

Atme ruhig und gelassen ein und aus.

Nimm das Gefühl wahr, das nun aus dem Herzen in den Körper strömt.

Das ist dein persönliches Gefühl für Reichtum. Atme dort hinein und atme es wieder aus. Atme weiter.

Male ein Zeichen für dieses reiche Gefühl auf das Blatt. Nimm das Zeichen in dich auf – und atme weiter. Fühle ganz bewusst, wie dein persönliches Gefühl für Reichtum in dir wirkt. Lass es groß werden, leuchtend werden, atme weiter.

In die Meditation gehen

Setze dich bequem, mit geradem Rücken auf einen Stuhl.
Gerne kannst du die Lehne als Stütze nutzen.

Gehe mit der Aufmerksamkeit zu deinen Füßen.
Spüre, wie die Fußsohlen flach auf dem Boden stehen.
Der Boden trägt dich.

Gehe mit deiner Aufmerksamkeit zum Becken.

Spüre, ob sich das Becken für dich gut anfühlt.
Nimm die Freiheit wahr, die das Becken im Raum hat.

Gehe mit deiner Aufmerksamkeit zu deinen Schultern.
Spüre, ob sich der Schultergürtel für dich gut anfühlt.
Nimm die Freiheit wahr, die deine Schultern im Raum haben.

Lege die Hände entspannt auf deine Oberschenkel.
Öffne die Handflächen nach oben.

Den Rhythmus des Herzens spüren

Schließe deine Augen und richte innerlich deine Aufmerksamkeit auf dein Herz. Lege eine Hand flach auf dein Herz. Spüre, wie deine Hand entspannt auf deinem Herzen ruht.

Genieße diese ganz persönliche Berührung und erlaube dir, dich weiter zu entspannen. Atme langsam und sanft, zähle beim Einatmen bis vier und beim Ausatmen bis sechs.

Verweile mit deiner Aufmerksamkeit in dieser Entspannung. So wie du atmest, so ist es gut.

Eintauchen in das Gefühl der finanziellen Freiheit

Atme weiter in dein Herzzentrum ein und atme aus.

Halte deine Aufmerksamkeit im Herzzentrum.

Spüre die Wärme unter deiner Hand.

Entspanne dich, gib dich dem Gefühl der Wärme unter deiner Hand hin,

nimm wahr, wie die Wärme zum Licht und das Licht strahlend wird.

Erinnere dich an dein Zeichen für Reichtum.

Nimm es mit dem nächsten Atemzug voller Freude in deinen Herzraum auf.

Schenk deinem Zeichen die ganze Aufmerksamkeit. Mit jedem Atemzug wird dein Zeichen für Reichtum größer und prächtiger und strahlender.

Atme entspannt weiter.

Nach einem Moment kannst du spüren, wie aus dem Zeichen im Herzraum wundervolle Herzgefühle leuchten, wie sich die Energie der Dankbarkeit, der Freude und der Liebe ausdehnt.

Atme weiterhin entspannt und achtsam in dein Zeichen ein und atme aus.

Erkenne, wie diese Lichtstrahlen nun deinen ganzen Körper, jedes Organ und jede Zelle durchströmen, wie sie nach außen drängen in die Weite des Raumes. Gib dich dieser Energie hin, lass sie höher steigen, lass sie zu Glück werden.

Atme weiter in Dankbarkeit, Liebe und Freude.

▶ Nimm dir Zeit für diese Übung. Sie kann bis zu einer Stunde dauern.

Sei dir gewiss, dass das Universum diese Schwingung deiner Zellen annimmt, aufblühen lässt, zurücksendet zu dir. Je mehr du dein Zeichen für Reichtum mit Dankbarkeit und Liebe umhüllst, desto mehr gleicht sich deine Schwingung der Schwingung im Universum an. Ich verspreche dir, das Universum wird dir genau diese Energie-frequenz für Reichtum zurückspiegeln.

Literatur Kapitel 10

19 Lipton, Bruce: „Intelligente Zellen – Wie Erfahrungen unsere Gene steuern". 1. erweiterte Neuauflage. Burgrain: KOHA-Verlag, 2016.

Kapitel 11

Die feinstoffliche Note der Persönlichkeit

Sie sind einzigartig. Sie finden Worte, um Ihre Träume zu beschreiben. Sie finden Gesten, um Ihre Begeisterung zu zeigen. Ihr Eigensinn macht Sie zu einem besonderen Menschen. Und würde jemand versuchen, Ihr Sprechen, Bewegen und Hoffen zu kopieren, es würde ihm nicht gelingen. Selbst gemessen an der Zeit seit Menschengedenken sind Sie mit Ihrer Ursignatur ein unverwechselbares Wesen. Das täglich neu zu erfahren, ist die Essenz von Glück.

Wenn ich zurückblicke auf die vielen Gespräche mit Frauen und Männern in den vergangenen 25 Jahren meiner Arbeit, dann fällt auf: Diese Gespräche streiften immer die Sehnsucht nach dem zarten Glück. Es ging selten um die großen Themen im Außen wie Geld, Karriere, Haus und Reisen. Das alles mag eine nette Zugabe im Alltag sein, ähnlich wie der Sahnetupfer auf der Schwarzwälder Kirschtorte. Man nascht gerne daran, genießt die Süße, aber der Geschmack lässt mit dem Hinunterschlucken nach. Das Glück, das meine Seminarteilnehmer suchen, ist von einer feineren, dauerhaften Art. Es ist lichtvoll, zart und immer persönlich. Dieses Glück findet niemand im Außen, es ist nicht zu kaufen mit Geld. Im Gegenteil wartet es in den tieferen Schichten unseres Seins, denn es ist angeboren und kann funkeln, wenn wir es täglich polieren. Ich rede, Sie ahnen es, von diesem Diamanten in Ihrem Herzen, von Ihrem Wesenskern. Er beinhaltet all das, was Sie zum dauerhaften Glück benötigen: die Gene, das Talent, die Liebe zu sich selbst und zu anderen.

Meine Herzmeditationen führen Sie hin zu Ihrem Wesenskern. Ihn zu berühren und wertzuschätzen gibt Ihnen eine Ahnung davon, wie es sich anfühlt, die feinstoffliche Energie aus dem Universum zu empfangen, sie mit dem eigenen Potenzial zu verbinden und sie wieder hinauszustrahlen in die Welt. Sobald Sie in Ihr Herz einatmen, die empfangene Energie mit hellen Emotionen färben und wieder ausatmen, empfinden Sie eine tiefe Verankerung in sich selbst. Sie spüren, wie Herz, Geist, Körper und Seele im Einklang sind.

Das ist der Moment, in dem die Augen leuchten, in dem die Ausstrahlung authentisch wird.

Dieser Zustand, der die endogenen Opiate im Herzen und im Gehirn freisetzt, ist ein Zustand der Ruhe und des Rausches zugleich. Der Ruhe, weil die Gewissheit sich weitet, dass alles in Ihrem Leben in einer für Sie stimmigen Form geschieht, und des Rausches, weil eine Gewissheit Sie erfüllt, dass Ihre Träume wahr werden. Wir erhalten eine Ahnung davon, was möglich ist, wenn sich unsere ureigene Energie mit der Energie des Universums vermischt. Genießen Sie dieses Gefühl. Ich vermute, es ist Ihnen in den vorangegangenen Meditationsübungen öfter widerfahren und Sie wollen es täglich zurückrufen durch die Einkehr in Ihr Herz. Gut so.

Keine Blaupause für
ein persönliches Glück

Wenn ich am Ende meines Buches mir noch einmal die Gespräche der vergangenen Jahre zurückrufe und nach einer Formel suche, die ich aus der Essenz all dieser Begegnungen bilden möchte, so stelle ich fest: Es gibt sie nicht. Jedes Gespräch verlief anders und in jedem Einzelnen lag ein ganz besonderer Zauber.

Jeder Mann und jede Frau hatte persönliche Themen, die vom Stolpern auf dem Lebensweg erzählten und manchmal auch davon, wie die Zuversicht abhandenkam. Zwar können wir festhalten, dass ein offensichtliches Unglück immer dann entsteht, wenn einer oder mehrere der vier Quadranten Beziehung, Beruf, Geld und Gesundheit rissig werden. Die feinen, persönlichen Glücksschwingungen aber sind so mannigfaltig, wie die Milchstraße Sterne hat. Deshalb weigere ich mich bis heute, nach Persönlichkeitsprofilen zu arbeiten, wie es die Psychologen tun. Diese Methoden sind für mich zu kurz gesprungen. Sie drücken Menschen in Schubladen. Das aber sieht die Herzmeditation, wie ich sie verstehe, nicht vor. Hier soll sich der Mensch entfalten, soll frei werden, aus dem Vollen schöpfen. Er soll aus Schubladen entweichen und bis in die Unendlichkeit strahlen.

Ich glaube fest daran, dass Menschen sich im Laufe ihres Lebens weiterentwickeln. Niemand bleibt stehen. Das Leben ist ein Weg, und einen Weg zu gehen, erfordert Bewegung und keinen Stillstand. Sie müssen nicht als blauer Analytiker, gelber Visionär, roter Macher, als grüner Geselliger in einer Schublade stecken bleiben. Sie dürfen rausspringen, tief atmen, sprinten, wohin Sie möchten. Sie dürfen die feinen Fäden in Ihrem Potenzial entdecken, die charakterlichen Überraschungen bergen! Sie dürfen täglich neu Ihren Lebensweg korrigieren. Sie bestimmen Ihre Energie und Ausstrahlung, und kein vorgefertigtes Persönlichkeitsprofil kann Sie daran hindern.

Den Wesenskern zum Diamanten polieren

In den Herzmeditationen kommen Sie sich selbst wieder nah. Mögen auch hinderliche Glaubenssätze oder die Jagd nach Materiellem im Außen, mögen auch die Ansprüche der anderen Sie von Ihrem Potenzial ferngehalten haben, so dürfen Sie doch gewiss sein: Sie können sich jederzeit zu Ihrem Wesenskern zurückatmen. Sie können die Lichtphotonen für Sie stimmig ordnen, können die Feinstofflichkeit Ihres Wesenskerns wiederentdecken. Dieses angeborene Muster in Ihnen mag über die Jahre strapaziert worden sein, vielleicht ist es in Disharmonie geraten, aber das ursprüngliche Schillern wird niemals erlöschen. Indem Sie sich in einer religiösen Bedeutung – religio stammt aus dem Lateinischen und heißt „Rückverbindung" – mit sich selbst im Herzen wieder verbinden, stärken Sie auch die Verbindung zum Universum. Sie lassen den Zweifel, den Schmerz, die egogetriebenen Gedanken hinter sich. Sie stellen eine Kohärenz her.

Wie viel Potenzial geht in einer Verbindungslosigkeit zwischen Kopf und Herz verloren! Der Kopf denkt anders, als das Herz es fühlt, und der Körper rebelliert. Unordnung entsteht. Wohin sollten auch Glückshormone strömen, wenn es keine Verbindung mehr zwischen Geist, Körper und Seele gibt? Dann bleibt der Mensch kopflastig, bewegt sich in den Bereichen der Logik und des Wissens, vernachlässigt die hellen Emotionen. Er dreht sich um seine Probleme im Alltag. Welch eine Zeit- und Energieverschwendung! Denn ein Drehen in Problemen ist wie ein Tappen in der Leere. Nur macht diese Leere nach der Quantenphysik lediglich 0,0001 Prozent Ihrer Möglichkeiten aus. Alle anderen 99,9999 Prozent missachten Sie.

Irgendwann versiegt die Quelle der schöpferischen Herzenergie und damit des zarten, persönlichen Glücks. Diese dann entstehende, lichtarme Energie zeigt sich in verkrampften Körperhaltungen, in verhärteten Muskeln. Verspannungen sind die Folge. In dieser Enge übrigens finden auch die Träume keinen Raum.

Schließen Sie an dieser Stelle bitte Ihre Augen. Was immer Sie bislang über Ihre Schwächen gehört haben, über vermeintliche Fehlbarkeiten im Charakter, atmen Sie es weg. Atmen Sie ein und extrem lange aus. Richten Sie Ihr inneres Licht auf die Stärken in Ihnen. Die entspringen Ihrem Potenzial, diesem Wesenskern im Herzen. Es wird Zeit für Ihre innere Harmonie, für das Öffnen des Herzens und das Verweilen in diesem hellen Raum.

▶ Natürlich gibt es ein Grundmuster in Ihrer Persönlichkeit. Das ist auch gut so. Das macht Sie zuverlässig, einschätzbar, berechenbar. Aber darüber hinaus dürfen Sie dieses Muster verfeinern und zu einem Stoff weben, der zu Ihrer Lebenssituation passt. Anderes würde bedeuten, dass Sie unflexibel blieben, dass Sie den Herausforderungen im Alltag nicht adäquat begegnen könnten. Und genau hier kritisiere ich die modernen Persönlichkeitstheorien. Hatte Sigmund Freud diesem Forscherthema einen Anfang gesetzt, so hat sein Ansatz bis heute viele Blüten getrieben und die Kategorien der Persönlichkeit werden zunehmend enger. Das aber läuft der Potenzialentfaltung zuwider.

Die vier Temperamente
nach Hippokrates von Kós

In der Antike unterschied man lediglich zwischen vier Temperamenten, die durch die Körpersäfte bestimmt wurden. Hippokrates von Kós erforschte sie und stellte folgende Wiedererkennungsmerkmale auf:

Der Sanguiniker gilt überwiegend als phantasievoll und zuversichtlich, er ist heiter, vielfältig interessiert, aber auch oberflächlich und leichtsinnig. Er bewegt sich leichtfüßig, tänzelnd. Sein Element ist die Luft. Seine hauptsächliche Körperflüssigkeit ist das Blut.

Der Melancholiker gilt als ein mitfühlender, verlässlicher und selbstbeherrschter Mensch. Er neigt aber auch zu einem ängstlichen und misstrauischen Verhalten. Er bewegt sich leise und zuweilen schwerfällig, obwohl seine Erscheinung oft schlank ist. Sein Element ist die Erde. Seine hauptsächliche Körperflüssigkeit stellt der schwarze Gallensaft dar.

Der Choleriker gilt als ein mutiger, zielstrebiger Mensch, der allerdings zu leichter Erregbarkeit und zum Jähzorn neigt. Seine Bewegungen sind hektisch, seine Gesichtsfarbe ist schnell wechselnd von Weiß zu Rot. Sein Element ist das Feuer, seine hauptsächliche Körperflüssigkeit der gelbe Gallensaft.

Der Phlegmatiker gilt als ein geduldiger, gutmütiger Mensch, der jedoch häufig träge und interesselos wirkt. Seine Bewegungen sind wohlbedacht, manchmal aber energiearm und schwerfällig. Sein Element ist das Wasser und der hauptsächliche Körpersaft ist der Schleim.

▶ In der Spiritualität findet bis heute diese antike Temperamentenlehre Beachtung. Auch aus meiner Sicht bietet sie eine sinnvolle Beschreibung der Grundstruktur einer

Die feinste Faser im Temperament

Was genau ist die Feinstofflichkeit, jene ätherische Energie, die leicht daherkommt und sich mit Ihrem Potenzial verbindet, die direkt aus dem Universum in Ihr Herz trifft? Diese Frage wurde in Gänze bislang nicht beantwortet. Fest steht, dass auch die Feinstofflichkeit, wie jede Energie, aus Licht besteht. Fest steht auch, dass sie Informationen trägt, die nur mit Klarheit und hellen Herzemotionen entschlüsselt werden können. Spirituelle Lehrer gehen davon aus, dass sie durch den Menschen fließen kann, wenn keine mentalen und körperlichen Blockaden vorhanden sind, wenn eine Kohärenz im Menschen schwingt. Unabhängig von Ihrem Temperament umspielt die Feinstofflichkeit, die Energie aus dem Universum, Ihre Persönlichkeit. Sobald Sie sich auf Ihre Visionen im Leben, auf Ihre Talente und Ihr Glück fokussieren, glitzern diese feinen Energien und lassen zu, dass geschieht, wovon Sie träumen. Sie atmen im Sinne der Herzmeditationen in Ihren Wesenskern hinein und wertschätzen Ihr Leben. Mit Dankbarkeit und Liebe, mit der Zuversicht, alles möge sich ordnen, bis es für Sie stimmig ist, stärken Sie täglich diese zarte, ätherische Energie. Bedenken Sie: Auch Ihr Glück besteht aus Licht. Und Sie entscheiden, wie dieses Licht sich bündelt. Sie können, so meine Erfahrung, sich auf eine jahrelange Reise durch die Psychoanalyse oder ein therapiegestütztes Coaching einlassen. Sie können dort immer wieder neu Ihre Schwächen betrachten und mit der Annahme leben, dass Sie irgendwann diese Schwächen annehmen und einen Durchbruch der Selbsterkenntnis erlangen. Sie können das tun! Aber ich rate Ihnen davon ab. Denn aus der Quantenphysik wissen wir, dass Licht eine Materie ist, dass sich die Materie aus Atomen zusammensetzt. Jedes Atom hat einen Kern, der wiederum aus Protonen, Neutronen und Elektronen besteht. Wie diese sich anordnen, so strahlt Ihre elektromagnetische Energie.

Die Frage nach der Materie stellten sich die Physiker übrigens erst vor 100 Jahren. Da nämlich forschten sie nach der Substanz, die vergangene, gegenwärtige und zukünftige Leben begründet. Sie fanden heraus, dass alles um und in uns präzisen Gesetzmäßigkeiten folgt, dass sich alles in einer verlässlichen Weise ordnet. Sie haben erkannt: Materie ist eine unergründliche Energie. Keine Formel kann sie fixieren, weil sie auftaucht und verschwindet in den Weiten des Kosmos. Viele Erfinder, unter ihnen der Physiker und Erfinder des Wechselstroms, Nikola Tesla, legten ihren Arbeiten diese Einsicht zugrunde. „Alles im Universum ist Schwingung und Energie", sagte er und begeisterte sich für die existenten Frequenzen und Energiewellen. Genau diese Energie durchflutet auch Ihre Zellen. Und hier gelangen wir zum springenden Punkt der Feinstofflichkeit: In einem kohärenten Zustand ziehen Sie feinste Energiestrahlen an. Sie gewähren Ihnen Eintritt in Ihr Herz, damit sie sich dort verdichten und Einfluss auf die Ordnung Ihrer Zellen nehmen, um von dort wieder nach außen zu strahlen. Der Zellbiologe Bruce Lipton schreibt dazu: „Ausgangspunkt sind die Fakten, dass wir aus mehr als 50 Billionen Zellen bestehen und diese sich in einer ständigen biochemischen Wirklichkeit befinden. Und diese biochemische Wirklichkeit ist die Basis, die unsere individuell erlebte Wirklichkeit ausmacht. Und diese erlebte Wirklichkeit ist nicht etwa gesteuert über unsere Gene.

Vielmehr ist sie gesteuert durch unsere Belief-Struktur. ‚Belief‘ im Sinne unserer verinnerlichten Überzeugungen. […] Und in jedem Moment in dem wir mit ‚Achtsamkeit‘ auf diese unbewusst ablaufende Entscheidung fokussieren, bekommen wir alle Informationen zur eigenen Glaubensstruktur. […] Mit den Überzeugungsstrukturen, die unser Verhalten steuern, erschaffen wir uns in jedem Moment genau den Erfolg, der unseren Glaubensstrukturen entspricht."[20]

Die Hellsinne stärken

Aufgrund meines täglichen Trainings der Herzemotionen gelingt es mir, die feinstoffliche Energie eines Menschen zu erkennen. Ich sehe, welche Themen ihn beschäftigen, wo seine Stärken, Schwächen und Ängste liegen, welche Sehnsüchte im Leben ihn begleiten. Dazu suche ich zunächst in seinen vier Quadranten aus Liebe, Beruf, Gesundheit und finanzieller Freiheit nach Rissen, suche nach Gefühlen, die dort seine Energie ungünstig färben. Ich spüre dann die Dichte und Intensität seiner Lichtenergie, erkenne deren Reichweite, wenn die Feinstofflichkeit über den Raum hinaus sich weiter entfaltet. Ein Mensch, der nicht nach seinem Potenzial wirkt, hat eine andere Ausstrahlung als jemand, der in sich selbst zu Hause ist. Kein Schauspieler vermag mich zu täuschen. Und auch Sie werden, wenn Sie aufmerksam bleiben, die kleinen Ungereimtheiten wahrnehmen, die keine Worte und keine Gesten je löschen können. Es sind die Subtexte, die immer mitgesendet werden, die von Wahrheiten erzählen. Diese Subtexte begleiten das gesprochene Wort in einer unbeugsamen, ehrlichen Art, denn sie bestehen aus Emotionen in reiner Form – und die spiegelt sich unter anderem in der Mikromimik im Gesicht. Die nämlich ist in Ihren Genen verankert.

Die fünf Grundemotionen Freude, Ekel, Ärger, Angst, Überraschung und Trauer äußern Menschen überall auf der Welt mit einem vorhersehbaren Gesichtsausdruck! Bei Freude zum Beispiel ziehen sich die Mundwinkel nach oben. Bei Überraschung werden die Augen weit. Bei Ärger ziehen sich die Brauen zusammen, eine Steilfalte auf der Stirn entsteht. Diese nicht willkürlich steuerbaren Anzeichen von Emotionen verraten immer Ihre Energie, auch wenn Sie versuchen, über den Ekel ein Lächeln zu setzen, über den Ärger eine Überraschung – Sie können diese Grundgefühle nicht unterdrücken. Wer diese Kongruenz versteht, der kann die wahren Stimmungen der anderen und damit deren elektromagnetische Energie auffangen und interpretieren. Eine Anleitung dazu bietet Paul Ekman, ein US-Psychologe, der sein Wissenschaftlerleben dem Codieren der Emotionen gewidmet hat. In seinem Buch „Gefühle lesen" schreibt der Experte: „Emotionen sind für die Qualität unseres Lebens von ausschlaggebender Bedeutung. In keiner Beziehung, an der uns etwas liegt, kommen wir ohne sie aus – am Arbeitsplatz nicht und bei keiner Freundschaft, nicht im Umgang mit Familienmitgliedern und erst recht nicht in unseren intimsten Beziehungen. Emotionen können uns das Leben retten, aber sie können auch schlimmes Unheil anrichten."[21] (Ekman 2016, S. XIV) Warum ich das erwähne? Ich will, dass Sie Menschen, die Sie herunterziehen, meiden. Ich will, dass Sie keine Kritik an Ihrem Temperament zulassen. Ich will, dass Sie sich mit Menschen umgeben, die Sie nicht täuschen, ausnutzen, kleinhalten. Ich will, dass Sie sich mit Menschen umgeben, die für Ihr Glück förderlich sind. Und umgekehrt sollten auch Sie mit Ihrem Glück andere Menschen ermutigen, zu wachsen.

Wie oft werden wir zornig und, kaum ausgesprochen, tun uns die Worte der vehementen Abwehr leid. Oder wir verbringen Tage in einem Hadern mit dem Schicksal, ziehen uns weiter runter in ein Stimmungstief. In diesen Momenten sind Sie nicht in Ihrer Mitte. Sie verharren im Mangel, im Jammern, Sie richten Ihre innere Blende auf das, was Ihnen nicht guttut. Das Schulen und Entwickeln der Hellsinne wird Ihnen frühzeitige Signale senden, dass Sie Ihren Herzweg verlassen haben.

Sie werden spüren, wann Sie sich in Ihren inneren Schutzraum zurückziehen sollten, um Einflüsse von außen abzuwehren, um sich neu zu sammeln, die Emotionen wieder zu justieren. Die Herzgefühle, und das ist mein Versprechen, können Sie in Echtzeit in Ihr Leben rufen, nur wenige Atemzüge in höchster Konzentration reichen aus, um die wohltuende Koharenz zwischen Geist, Körper und Seele wiederherzustellen und sich auf einer anderen Frequenz jenseits von Zorn und Traurigkeit einzustimmen. Und sollten Sie an Ihrem Gegenüber eine Unstimmigkeit bemerken, sollten Sie spüren, dass er anders redet und gestikuliert, als er empfindet, dann bleiben Sie aufmerksam für diese Disharmonie. Sie ist ein Zeichen von Unstimmigkeit und manchmal von Lüge.

Wer einmal seine Hellsinne geschult und entwickelt hat, der wird sich nicht mehr auf falsche Fährten locken lassen und im Außen wirken. Er wird bei Unstimmigkeiten sein Herz befragen, denn dort werden die Emotionen sich entschlüsseln. In Ihrem Herzen verlieren Verletzungen im Außen, ob durch Ihren Chef, Ihren Partner oder den Umständen geschuldet, in denen Sie aktuell leben, an Wert. Denn widrige Situationen, Lügen, Stillstand und Nöte spielen in Ihrem Herzen keine Rolle. In diesem hellen, lichtüberfluteten Raum werden sie überstrahlt durch Hoffnung, Liebe und Zuversicht. Sie empfinden nichts als Frieden, sobald Sie die Augen schließen und in Ihr Herz atmen.

Es mag sein, dass Sie mit dem Öffnen der Augen wieder mitten in Ihr aktuelles Problem blicken – denn kein Minus auf dem Konto füllt sich in Minuten auf, kein Ärger mit den Kollegen zerstäubt in wenigen Atemzügen. Aber eines ist sicher: Die Wichtigkeit der Probleme lässt nach. Mit jeder Herzübung schmilzt sie mehr, bis sie zu einer Nebensache wird. Sie atmen sich über das Problem hinaus, verändern die Energie. Irgendwann in naher Zukunft docken Sie dort an, wo Sie andocken wollen: am Glück. Weil Sie bis in Ihre Zellen hinein positiv denken und weil sich die Lichtphotonen in der Weise sortieren, wie

Sie es sich wünschen. Ihr neuronales Netzwerk richtet sich nach diesen Wünschen aus. Je mehr Sie den Fokus von den Problemen nehmen und je mehr Sie Ihre innere Blende auf Ihre Wünsche richten, desto eher gelangen Sie dorthin, wo Sie sein wollen: in Ihr Glück. Deshalb sind für mich die Zielbildungen nach den Managermethoden wie SMART nicht sonderlich hilfreich. Sie entspringen einer Theorie, einer Blaupause für die Bildung von Zielen. Ihr Herz aber ist ein einzigartiges Wunderwerk mit einer einzigartigen Signatur. Beatmen Sie es mit Freude und der Zuversicht, dass Sie Ihre Lebensziele erreichen werden.

Übung

Die feinen Fäden im Potenzial glitzern lassen

Mit dieser Meditation erkennst du deinen Wesenskern. Du nimmst dir vor, ihn zu stärken, zu nähren, ihn wachsen und strahlen zu lassen. Du erkennst die Feinstofflichkeit und verbindest diese mit deiner elektromagnetischen Schwingung.

Vorbereitung der Meditation

Denke an Glücksmomente in deinem Leben.

Wann hat dich eine Aufgabe derart erfüllt, dass du Raum und Zeit vergessen hast?

Wie fühlte sich dieses Glück an und wie berührte es deine Sinne?

Welche Farbe, welchen Geschmack, welchen Duft, welchen Ton, welche Haptik verbindest du mit diesen Glücksmomenten?

Schreibe deine Eindrücke auf.

In die Meditation gehen

Setze dich bequem, mit geradem Rücken auf einen Stuhl.
Gerne kannst du die Lehne als Stütze nutzen.

Gehe mit der Aufmerksamkeit zu deinen Füßen.
Spüre, wie die Fußsohlen flach auf dem Boden stehen.
Der Boden trägt dich.

Gehe mit deiner Aufmerksamkeit zum Becken.

Spüre, ob sich das Becken für dich gut anfühlt. Nimm die
Freiheit wahr, die das Becken im Raum hat.

Gehe mit deiner Aufmerksamkeit zu deinen Schultern.
Spüre, ob sich der Schultergürtel für dich gut anfühlt. Nimm die
Freiheit wahr, die deine Schultern im Raum haben.

Lege die Hände entspannt auf deine Oberschenkel. Öffne die
Handflächen nach oben.

Den Rhythmus des Herzens spüren

Schließe deine Augen und richte innerlich deine Aufmerksamkeit auf dein Herz. Lege eine Hand flach auf dein Herz. Spüre,
wie deine Hand entspannt auf deinem Herzen ruht.

Genieße diese ganz persönliche Berührung und erlaube dir,
dich weiter zu entspannen. Atme langsam und sanft, zähle beim
Einatmen bis vier und beim Ausatmen bis sechs.

Verweile mit deiner Aufmerksamkeit in dieser Entspannung.
So wie du atmest, so ist es gut.

Glück auffädeln

Stell dir eine elastische Schnur vor, und auf diese Schnur fädelst
du Perlen. Jede Perle entspricht einem Glücksmoment.

Genieße das Auffädeln und empfinde Dankbarkeit für die
erlebten Momente.

Nimm dir vor, jeden Tag weitere Perlen hinzuzufügen und an
den bereits aufgefädelten Perlen zu polieren.

Freue dich über ihren Glanz, über die Leuchtkraft. Sei dir bewusst, diese Kette gibt es kein zweites Mal auf der Welt, diese Perlen sind einzigartig und gehören nur dir.

Empfinde Stolz und Dankbarkeit für diese Perlen. Atme in diesen Stolz und diese Dankbarkeit hinein und genieße das Gefühl von Reichtum und Fülle.

Sei dir bewusst, dass diese Perlen dein innerer Schatz sind, dass sie das Kostbarste sind, was du in dir trägst.

Lass nun diese Perlen leuchten wie nie zuvor und füge diesem Leuchten deine Selbstliebe hinzu.

Lege diese Perlen sanft um dein Herz, schmücke dein Herz mit dieser Perlenkette.

Atme ein und aus und finde deinen Rhythmus. Freue dich über dein inneres Strahlen und lass die Gewissheit in die Herzneuronen fließen: Was immer du an Glück dir wünschst, es wird in Erfüllung gehen, solange du diese Perlenkette im Herzen mit deinem Atem berührst.

Atme ein und aus.

Öffne die Augen.

Nimm das Wissen um diese Glückskette in dir mit in den Tag.

Literatur Kapitel 11
20 Quelle: https://www.freeenergy.ch/?page_id=284 (Zugriff am 4.2.2019)
21 „Gefühle lesen: Wie Sie Emotionen erkennen und richtig interpretieren".
   2. Auflage. Wiesbaden: Springer, 2016.

Schlussworte

Wenn ich Ihnen einen Wunsch über den Buchdeckel hinaus mitgeben möchte, dann ist es, dass Sie Ihr Ein- und Ausatmen als Lebensgeschenk erachten. Mit dem ersten Atemzug haben sich Ihre Lungen entfaltet, hat Ihr Herz in dieser Welt aus eigener Kraft geschlagen. Mit dem ersten Atemzug floss Ihr Blut in diesem Rhythmus des Herzens durch die Adern, nahm Ihr Gehirn die Eindrücke auf, die fortwährend Ihr Leben bereichern. Sie senden seit diesem ersten Atemzug Ihre Energie ins Universum und Sie dürfen gewiss sein: Keine Energie geht jemals verloren. Ihr Potenzial, Ihre Feinstofflichkeit, all Ihr Wissen und Ihre Emotionen finden auf dem weiten Feld der Möglichkeiten einen Widerhall für alle Zeit. Ein schöner Gedanke. Und doch sind wir davon beseelt, im Hier und Jetzt zu wirken, unser Potenzial jeden Tag neu zu entfalten und zu teilen. Gut so! Denn jetzt ist Ihre Zeit! Jetzt dürfen Sie Ihr Leben zum Besten formen. Die Instrumente dazu sind Ihre Herzemotionen. Sie finden sie, das habe ich auf den Buchseiten beschrieben, in dem Wunderwerk, das in Ihrem Brustkorb schlägt. Mit ein wenig Training in Stille, mit einem bewussten, genussvollen Atem werden Sie bald meisterhaft auf diesen Instrumenten spielen. Sie werden damit Klang und Licht erzeugen, jene Resonanz schwingen lassen, von der Sie nicht ahnten, dass Sie dazu fähig wären. Lassen Sie sich von den Herzemotionen der Liebe, Freude, Dankbarkeit und Zuversicht in diese Sphären tragen.

Die Wissenschaft beginnt erst sehr langsam, sich für dieses innere Herzglück zu öffnen. Einige Forscher aber, ich habe sie in meinem Buch genannt, zeigen Ehrfurcht vor dem großen, weiten Unbewussten, vor der Macht des Universums. Sie trauen sich zu sagen, es gebe jenseits von Rastern noch unentdeckte Geheimnisse. Sie sind es, die unsere Phantasie beflügeln.

Der Mensch ist mehr als die Summe aller Vermessungen. Und sein Glück ist mehr als die Statistiken aus Daten und Fakten. Glück, so meine Quintessenz aus spiritueller Arbeit, zeichnet sich in so vielen Variationen, wie es Menschen gibt. Nur Sie, Sie alleine können Ihr Glück finden und begreifen. Sie tragen Ihre ganz persönliche Färbung dazu in Ihrem Herzen. Dort, in diesem Schutzraum, dürfen Sie es wachsen lassen mit jedem Atemzug. Gehen Sie sanft und empfindsam mit sich um, wertschätzen Sie sich täglich – und vor allem: Lassen Sie Ihr Glück bis in die Zellen leuchten und von dort in die unendliche Weite. Lassen Sie sich tragen von Ihren Träumen, geben Sie diese niemals auf.

Danke, dass Sie mein Buch bis zur letzten Seite umgeblättert haben.

Ich wünsche Ihnen von Herzen alles Liebe
Ihre
Isabelle Schumacher

Dank

Für die Unterstützung bei der Arbeit an diesem Buch möchte ich den Menschen von Herzen danken, die mich mit ihrer Begeisterung, Geduld und mit liebevollen Worten durch die Schreibphase getragen haben.

Mein tiefster Dank gilt meinen Lehrern sowie all meinen Teilnehmern und Teilnehmerinnen. Ohne all diese Begegnungen und Erfahrungen von Herz zu Herz, ohne die inspirierenden Rückmeldungen, die mir Kraft und Zuversicht schenkten, und ohne ihre Ermutigung zu schreiben, wäre das Buch nicht entstanden.

Danke von Herzen meinen einzigartigen Eltern, die mir das Licht des Lebens schenkten und mir Werte wie Mitgefühl, Liebe und Dankbarkeit mit auf meinen Lebensweg gaben.

Ein großes Danke dem Kamphausen Verlag und seinem Team für das Vertrauen und diese Chance, mein Buch zu publizieren! Marianne Nentwig hat mir durch ihre hilfsbereite, wertschätzende Art die Zusammenarbeit zu einem persönlichen Gewinn gemacht.

Aus tiefstem Herzen danke ich Gabriele Borgmann. Sie hat mich vom ersten Moment an unterstützt und fachkundig begleitet. Dank ihrem kreativen Geist, ihrer sprachlichen Gabe, Bilder und Worte zu einem Kunstwerk zusammenzuführen, hat sie mir während der Schreibphase gezeigt, dass Dranbleiben, immer Dranbleiben zum Erfolg führt. Ihr sprachliches Feingefühl war eine wahre Quelle der Inspiration. Sie hat mich liebevoll gecoacht, mir Türen geöffnet, von denen ich nicht zu träumen gewagt hatte. Ich durfte in ihr einen warmherzigen und hilfsbereiten Menschen mit einem weiten, lichtvollen Herzen kennenlernen.

Und zum Schluss möchte ich von ganzem Herzen meinem Mann für seine bedingungslose Liebe, seine Unterstützung und Begleitung danken. Für seine immerwährende Ermutigung, meinem Entfaltungs- und Entwicklungsprozess zu vertrauen. Danke, dass du mich auf meinem Weg begleitest.

Über die Autorin

Isabelle Schumacher absolvierte zunächst eine Ausbildung als Werbe- und Kommunikationsfachfrau und war als Marketingleiterin in verschiedenen Konzernen tätig. Nach einem Burnout bildete sie sich zur Mental- und Meditationstrainerin, zur Energietherapeutin, zum NLP-Coach sowie zur Astrologin weiter und studierte verschiedene energetische Heilmethoden.

Angeregt durch die Forschungsarbeiten von Dr. Joe Dispenza und anderen Wissenschaftlern, die mit ihren Erkenntnissen einen Raum für Spiritualität öffnen, ließ sie sich u. a. von Joe Dispenza, Dr. Jakob Bösch, Gregg Braden, Dr. Bruce Lipton, Dr. Richard Bartlett, Dr. Frank Kinslow und Dr. Michael König schulen. Auf dieser Grundlage entwickelte sie ihren Herzöffner, um den Menschen, die im Leben ihren Halt verloren haben, klarzumachen: Die Kraft ist in dir.

Ausgehend von den Erkenntnissen der Quantenphysik, der Neurobiologie, der Astrophysik, der Epigenetik und der Kardiologie findet sie einfache Worte, die es Menschen ermöglichen, das nahezu grenzenlose Potenzial in sich zu erkennen und daraus neue Lebensfreude zu schöpfen.

Seit der Gründung ihres «Zentrums für Ausgleich» in der Nähe von Zürich im Jahr 2005 hat sie ca. 20.000 Menschen auf ihrem Weg begleitet. Zahlreiche Stimmen bestätigen ihren Erfolg als Bewusstseinstrainerin und Heilerin auf dem Gebiet der Herzöffnung, der energetischen Heilkunst, der Informationsmedizin sowie der Medialität. Ihre Fähigkeit, transzendente Situationen zu schaffen, hat vielen ihrer SeminarteilnehmerInnen neue Kraft und Zuversicht im Leben gegeben.

Mehr über ihre Arbeit als Expertin für Herzkohärenz und Spiritualität unter: **www.isabelle-schumacher.com**

Testimonial

Wir erleben die Zeit eines epochalen Wandels. Jetzt sind praktische Anleitungen gefragt, die aus tiefer, spiritueller und liebevoller Kenntnis des Menschen Hilfestellungen für den Alltag geben können. Immer mehr und mehr wird das Herz zu unserem fürsorglichsten Berater. Das Herz ist der König und der Kopf der Diener, diese alte Weisheit setzt sich mehr und mehr durch und weist beiden Organkräften ihren Platz zu.

Das Buch „Im Herzen berührt – Durch Wertschätzung und Selbstliebe" von Isabelle Schumacher ist von tiefer Herzensweisheit inspiriert, um möglichst viele Menschen auf dem Weg zu ihrem eigenen Herzen begleiten zu können.

Dr. Markus Peters
Arzt (Integrative Kardiologie) und Buchautor

Pure Lebenslust

„Try Yourself Happy" ist designed um gelebt zu werden! Es ist ein illustriertes Journal mit 52 Tipps für ein glückliches, gesundes, erfülltes Leben. Es unterstützt dabei, ein Jahr lang wöchentlich eine Strategie *happy* auszuprobieren, jede von der Autorin selber getestet. Jedes Thema ist mit Liebe und Leichtigkeit illustriert. Außerdem gibt es Tipps zu Büchern, weiterführende Links, Apps, Tricks und mehr.

Dieses Buch ist nicht hier, um gelesen zu werden, es ist hier um gelebt zu werden: Versuche dich glücklich!

www.zoluart.com

Karolina Zolubak
Try Yourself Happy
200 Seiten
ISBN 978-3-95883-391-3

Lüchow
kamphausen.media